westermann

Hans Jecht, Hesret Cango, Jona Kemmerer

Prüfungstraining KOMPAKT

Kauffrau/Kaufmann für Groß- und
Außenhandelsmanagement

3. Auflage

D1731884

Bestellnummer 43625

Zusatzmaterialien zu Prüfungstraining KOMPAKT Groß- und Außenhandelsmanagement

Für Lehrerinnen und Lehrer

BiBox Einzellizenz für Lehrer/-innen (Dauerlizenz)
BiBox Klassenlizenz Premium für Lehrer/-innen und
bis zu 35 Schüler/-innen (1 Schuljahr)
BiBox Kollegiumslizenz für Lehrer/-innen (Dauerlizenz)
BiBox Kollegiumslizenz für Lehrer/-innen (1 Schuljahr)

Für Schülerinnen und Schüler

BiBox Einzellizenz für Schüler/-innen (1 Schuljahr)
BiBox Einzellizenz für Schüler/-innen (4 Schuljahre)
BiBox Klassensatz PrintPlus (1 Schuljahr)

© 2025 Westermann Berufliche Bildung GmbH, Ettore-Bugatti-Straße 6-14, 51149 Köln
www.westermann.de

Druck und Bindung: Westermann Druck GmbH,
Georg-Westermann-Allee 66, 38104 Braunschweig

ISBN 978-3-427-**43625**-6

Vorwort

Die heiße Phase beginnt:

Der erste Teil oder sogar schon der zweite Teil der Abschlussprüfung steht bevor. Auf diese Prüfung sollten Sie sich gut vorbereiten.

Während Sie mit dem Buch „Prüfungswissen KOMPAKT Groß- und Außenhandelsmanagement" das im Berufsschulunterricht und während der betrieblichen Ausbildung Gelernte sehr schnell wieder ins Gedächtnis zurückholen, können Sie mit diesem „Prüfungstraining KOMPAKT Groß- und Außenhandelsmanagement" schnell überprüfen, in welchen Bereichen Ihrer Ausbildung Sie eventuell noch Lücken haben. Diese können Sie dann mithilfe Ihrer Schulbücher schnell schließen.

Beachten müssen Sie, dass einige der in den Kapiteln für einen Prüfungsbereich dargestellten Lerninhalte auch für andere Prüfungsfächer der Prüfung bedeutsam sein können.

Sowohl der Verlag als auch der Autor wünschen Ihnen viel Erfolg bei der Prüfungsvorbereitung und besonders bei der Prüfung.

Hildesheim im Herbst 2024

Hans Jecht, Jona Kemmerer, Hesret Cango

Prüfungsmodalitäten der Abschlussprüfung

Die Abschlussprüfung wird als gestreckte Abschlussprüfung durchgeführt. Dies bedeutet, dass es sich um *eine* Abschlussprüfung in zwei zeitlich auseinander liegenden Teilen handelt:

Der Teil 1 der Abschlussprüfung

Der Teil 1 der Abschlussprüfung wird nach 18 Monaten über Inhalte der ersten 15 Monate der Ausbildung im Bereich „Organisation des Warensortiments und von Dienstleistungen" schriftlich durchgeführt. Die Prüfung dauert 90 Minuten. Das Prüfungsergebnis ist Bestandteil der Endnote und geht mit einer Gewichtung von 25 % in das Gesamtergebnis ein.

Der Teil 2 der Abschlussprüfung

Der Teil 2 der Abschlussprüfung wird in den drei Prüfungsbereichen „Kaufmännische Steuerung von Geschäftsprozessen", „Prozessorientierte Organisation von Großhandelsgeschäften" (für die Fachrichtung Großhandel) oder „Prozessorientierte Organisation von Außenhandelsgeschäften" (für die Fachrichtung Außenhandel) sowie Wirtschafts- und Sozialkunde am Ende der Ausbildung schriftlich und zusätzlich in einem fallbezogenen Fachgespräch mündlich durchgeführt:

⇥ Kaufmännische Steuerung von Geschäftsprozessen:
  Dies ist eine schriftliche Prüfung, die 60 Minuten dauert. Das Ergebnis dieser Prüfung geht mit 15 % in das Gesamtergebnis ein.
⇥ Prozessorientierte Organisation von Großhandelsgeschäften:
  Diese schriftliche Prüfung dauert 120 Minuten und hat eine Gewichtung von 30 %.
⇥ Wirtschafts- und Sozialkunde:
  Auch diese Prüfung geht über 60 Minuten und erfolgt schriftlich. Am Gesamtergebnis hat sie einen Anteil von 10 %.
⇥ Fallbezogenes Fachgespräch zu einer betrieblichen Fachaufgabe im Großhandel: Diese mündliche Prüfung dauert 30 Minuten und geht mit 20 % in das Gesamtergebnis ein.

Es gibt 2 Arten bei der mündlichen Prüfung:

- Standard ist die traditionelle mündliche Prüfung: Der Prüfungsausschuss stellt Ihnen zwei praxisbezogene Aufgaben aus zwei unterschiedlichen Prüfungsgebieten zur Auswahl. Sie wählen dann eine Aufgabe und erhalten eine vorbereitende Bearbeitungszeit von 15 Minuten.
- Die 2. Möglichkeit ist die Reportprüfung: Sie fertigen aus zwei eigenständig im Ausbildungsbetrieb bearbeiteten praxisbezogenen

Fachaufgaben aus zwei unterschiedlichen Prüfungsgebieten zwei Berichte, Reporte genannt. Der Prüfungsausschuss wählt dann eine Aufgabe für das Fachgespräch aus.

Bewertet wird nur die Leistung, die Sie im fallbezogenen Fachgespräch erbringen. Nicht bewertet werden die Durchführung der praxisbezogenen Fachaufgabe und der Report.

Das Bestehen der Prüfung

Der Teil 1 der gestreckten Abschlussprüfung zählt bereits für die Endnote. Über die in Teil 1 erbrachten Leistungen erhält der Prüfling eine schriftliche Bescheinigung.

Das endgültige Prüfungsergebnis wird erst nach Beendigung von Teil 2 festgestellt.

Folgender Notenschlüssel wird in der Prüfung verwendet:

--→ 100 bis 92 Punkte Note 1 – sehr gut
--→ unter 92 bis 81 Punkte Note 2 – gut
--→ unter 81 bis 67 Punkte Note 3 – befriedigend
--→ unter 67 bis 50 Punkte Note 4 – ausreichend
--→ unter 50 bis 30 Punkte Note 5 – mangelhaft
--→ unter 30 bis 0 Punkte Note 6 – ungenügend

Wenn folgende Bedingungen erfüllt sind, ist die Prüfung bestanden:

--→ Im Gesamtergebnis von Teil 1 und Teil 2 muss mindestens der Bereich „ausreichend" erreicht sein.
--→ Das Ergebnis von Teil 2 der Abschlussprüfung muss mindestens „ausreichend" betragen.
--→ Mindestens drei Prüfungsbereiche von Teil 2 der Abschlussprüfung müssen mit mindestens „ausreichend" bewertet worden sein.
--→ In keinem Prüfungsbereich von Teil 2 darf es ein „ungenügend" geben.

Sie können bei Gefahr des Nichtbestehens der Abschlussprüfung in einem der schriftlichen Prüfungsbereiche, indem sie schlechter als „ausreichend" bewertet wurden, eine mündliche Ergänzungsprüfung beantragen. Der Prüfungsausschuss stellt 15 Minuten lang mündliche Fragen, die sich auf den in der Ausbildungsordnung für dieses Prüfungsfach vorgesehenen Inhalt beziehen. Bei der Ermittlung des neuen Ergebnisses für das Prüfungsfach werden die Ergebnisse der schriftlichen Prüfung und der mündlichen Ergänzungsprüfung im Verhältnis 2 zu 1 gewichtet.

Inhaltsverzeichnis

A
ORGANISIEREN DES WARENSORTIMENTS UND VON DIENSTLEISTUNGEN

1 Zusammenstellung des Warensortiments

Aufgabe 1

Was versteht man unter einem Sortiment?

Aufgabe 2

Unterscheiden Sie Sortimentsbreite und Sortimentstiefe.

Aufgabe 3

Was versteht man unter

a) einem Kernsortiment und
b) einem Randsortiment
c) Produktelimination
d) Diversifikation?

Aufgabe 4

Geben Sie Informationsquellen an, mit deren Hilfe sich das Unternehmen Informationen über neu in das Sortiment aufzunehmende Artikel holen kann.

2 Der Einkauf von Waren

Aufgabe 5

Welcher Teil der Beschaffungsplanung sagt etwas darüber aus, wo eingekauft werden soll?

(1) Zeitplanung
(2) Sortimentsplanung
(3) Mengenplanung
(4) Bezugsquellenermittlung
(5) Finanzplanung

Aufgabe 6

Worüber gibt die Mengenplanung Auskunft?

Sie gibt Auskunft darüber, ...

(1) was eingekauft werden soll.
(2) wie viel eingekauft werden soll.
(3) wann eingekauft werden soll.
(4) wo eingekauft werden soll.
(5) warum eingekauft werden soll.

Aufgabe 7

Was ist der Meldebestand (Bestellpunktverfahren)?

(1) Sicherheitsvorrat, der dauernd vorhanden sein muss, um unvorhersehbaren Störungen vorzubeugen.
(2) der aktuelle Warenvorrat
(3) Bestand, der die Zeitspanne zwischen Bestellung bis zur Lieferung der Ware überbrückt.
(4) Bestand, der maximal eingekauft/gelagert werden kann.
(5) Bestandsmenge, bis zu der verkauft werden kann.

Aufgabe 8

Was trifft auf die optimale Bestellmenge zu?

(1) Die Gesamtkosten der Bestellung sind am geringsten.
(2) Die größtmögliche Bestellmenge wird bestellt.
(3) Es braucht nur einmal im Jahr bestellt zu werden.
(4) Die Gesamtkosten der Bestellung sind am höchsten.
(5) Die niedrigste Bestellmenge wird bestellt.

Aufgabe 9

Nennen Sie die optimale Anzahl an Bestellungen, wenn eine Groß-handlung einen Jahresbedarf von 2 000 Laserdruckern hat. Die Lagerkosten liegen pro Stück bei 0,50 € und die Bestellkosten betragen pro Bestellung 40,00 €.

(1) 2
(2) 3
(3) 4
(4) 5
(5) 6

Aufgabe 10

Wofür verwendet man die Limitrechnung in einem Unternehmen?

Man verwendet in einem Unternehmen die Limitrechnung, ...

(1) um den maximalen Einkaufspreis für eine Ware zu berechnen.

(2) um eine Grenze zu setzen, die angibt, für welchen Betrag in einem bestimmten Zeitraum eingekauft werden darf.

(3) um den maximalen Verkaufspreis für eine Ware zu berechnen, für den der Artikel verkauft werden kann.

(4) um eine Grenze zu setzen, die angibt, wie viel Ware höchstens in einem bestimmten Zeitraum eingekauftwerden darf.

(5) um die Kostenfaktoren des nächsten Jahres im Voraus zu berechnen.

Aufgabe 11

Was trifft auf Primärquellen zu?

(1) Es sind zufällige Anfragen extern vorhandener Beschaffungsmarktdaten.

(2) Es handelt sich um die eigene direkte und gezielte Erhebung von Beschaffungsmarktdaten.

(3) Es sind Informationsquellen, die man auf Messen auswerten kann.

(4) Es sind Informationsquellen über die primär zu beliefernde Kundschaft.

(5) Es sind Quellen, mit denen man die Beschaffungsmarktdaten auswerten kann.

Aufgabe 12

Erläutern Sie die folgenden im Zusammenhang mit der Bezugsquellenermittlung stehenden Begriffe:

a) Warenkartei

b) Liefererkartei

c) Datenbankrecherchen

d) Primärquelle

e) Sekundärquelle

f) Bezugsquellenkartei

g) Elektronische Adressverzeichnisse

h) Ausschreibung

Aufgabe 13

Erläutern Sie kurz die folgenden Begriffe:

a) Listeneinkaufspreis
b) Rabatt
c) Zieleinkaufspreis
d) Skonto
e) Bareinkaufspreis
f) Bezugspreis
g) Einstandspreis
h) Bonus

Aufgabe 14

Welche der folgenden Aussagen sind richtig und welche falsch?

a) Ein anderes Wort für Bestellung ist Auftragserteilung.
b) Bestellungen sind an Formvorschriften gebunden.
c) Bestellungen sind grundsätzlich verbindlich.
d) Bestellungen können nicht widerrufen werden.
e) Verträge im Fernabsatzrecht können innerhalb von 14 Tagen nach Erhalt der Ware widerrufen werden.
f) Bestellt der Einkauf, ohne dass ihm ein verbindliches Angebot vorliegt, so gilt diese Bestellung als Antrag auf Abschluss eines Kaufvertrages.
g) Für das Zustandekommen des Kaufvertrages ist eine Bestellungsannahme notwendig, wenn der Bestellung kein Angebot vorausging.
h) Heute können Bestellungen nur noch online mit EDI abgegeben werden.

Aufgabe 15

Unterscheiden Sie

a) Anfrage
b) Anpreisung
c) Angebot

Aufgabe 16
Die Bulut KG hat zwei Angebote vorliegen:

Angebot 1: Angebotspreis 15,00 €, 15 % Rabatt, 2 % Skonto, 5,00 € Bezugskosten

Angebot 2: Angebotspreis 18,00 €, 20 % Rabatt, 2 % Skonto, 2,50 € Bezugskosten

Berechnen Sie für beide Angebote den Bezugspreis.

Aufgabe 17
Die Bulut KG hat eine Lieferung Tomaten (100 kg) für die Kantine bekommen. Berechnet werden müssen die in Rechnung gestellten Verpackungskosten. Der Preis der Tomaten liegt bei 0,90 € je Kilogramm. Die Tara beträgt 10 kg. *Berechnen Sie die Kosten bei b/n (brutto für netto).*

Aufgabe 18
Für den Transport eines Artikels von Hamburg nach Hannover entstehen folgende Kosten:

Rollgeld 1 (Hamburg – Bahnhof Hamburg)	14,00 €
Fracht Hamburg – Hannover	36,00 €
Rollgeld 2 (Bahnhof Hannover – Lager Bulut KG)	18,00 €

Bestimmen Sie die Transportkosten für den Käufer (die Bulut KG in Hannover) in folgenden Situationen:

a) unfrei

b) Es liegt keine vertragliche Regelung vor.

c) frei Haus

d) ab Werk

e) frachtfrei

f) ab Bahnhof hier

3   ERP- und Warenwirtschaftssysteme

Aufgabe 19
Was versteht man unter der Warenwirtschaft?

Aufgabe 20

Was ist ein Warenwirtschaftssystem?

Aufgabe 21

Erläutern Sie kurz den Begriff ERP-Systeme

4 Stammdatenmanagement

Aufgabe 22

Wodurch unterscheiden sich Stamm- und Bewegungsdaten?

Aufgabe 23

Welche der folgenden Aussagen sind richtig und welche falsch?

a) Unter Stammdatenmanagement versteht man die Verwaltung von Stammdaten unter besonderer Berücksichtigung der Optimierung der Datenqualität.

b) Unter einer Dublette wird die Datenkonsistenz verstanden.

c) Artikelzugänge sind Stammdaten.

d) Artikelnummern sind Stammdaten.

e) Zahlungseingänge auf Konten sind Bewegungsdaten.

f) Datenkonsistenz ist die Korrektheit von Daten innerhalb eines Datenbanksystems.

g) Die voranschreitende Digitalisierung zwingt Unternehmen dazu Bestände an Stammdaten möglichst effizient zu nutzen.

h) Die eindeutige Benennung von Namen und Merkmalen von Daten ist wichtiger Bestandteil des Stammdatenmanagements.

i) Ziel der Datensicherung ist der Schutz der Daten vor Missbrauch, Zerstörung oder Verlust.

j) Der Schutz der personenbezogenen Daten natürlicher und juristischer Personen ist in der Datenschutzgrundverordnung verankert.

k) Ziel des Datenschutzes ist der Schutz der Privatsphäre.

5 Beratungs- und Verkaufsgespräche mit Kundinnen und Kunden

Aufgabe 24
Erläutern Sie die Phasen eines Verkaufsgesprächs/Beratungsgesprächs.

Aufgabe 25
Führen Sie für jede Phase ein Kriterium für eine erfolgreiche Durchführung auf.

Aufgabe 26
Unterscheiden Sie die Arten telefonisch durchgeführter Verkaufsgespräche.

Aufgabe 27
Erläutern Sie die folgenden Methoden der Einwandbehandlung.

a) Offenbarungsmethode
b) Rückfragemethode
c) Ja-aber-Methode
d) Vorwegnahmemethode
e) Verzögerungsmethode
f) Bumerangmethode
g) Öffnungsmethode

6 Arbeitsorganisation

Aufgabe 28
Führen Sie Regeln für eine erfolgreiche Gruppenarbeit auf.

Aufgabe 29
Erläutern Sie, wie es zu einer effizienten Teamarbeit kommen kann.

Aufgabe 30

Stellen Sie positive Auswirkungen von Konflikten negativen Folgen gegenüber.

Aufgabe 31

Erläutern Sie das Vorgehen in einem Konfliktfall.

Aufgabe 32

Erläutern Sie sowohl einem Feedbackgeber als auch einem Feedbacknehmer die Feedbackregeln.

B

KAUFMÄNNISCHE STEUERUNG VON GESCHÄFTSPROZESSEN

1 Inventur und Inventar

Ordnen Sie den Begriffen die richtige Erläuterung zu.

a) Inventar
b) Anlagevermögen
c) Umlaufvermögen
d) Langfristige Schulden
e) Kurzfristige Schulden
f) Eigenkapital
g) Bilanz
h) Inventur
i) Inventurdifferenzen
j) Permanente Inventur
k) Liquidität

(1) Die Positionen des Vermögens sind nach diesen Gliederungsprinzip geordnet.
(2) Die Inventur erfolgt ganzjährig, meist durch Fortschreibung mithilfe der EDV.
(3) Unterschiede zwischen Soll- und Ist-Werten
(4) Bestandsaufnahme aller Vermögensteile und Schulden im Unternehmen
(5) Zu diesen Schulden gehören die Verbindlichkeiten aus Lieferungen und Leistungen.
(6) Stellt die Aktiva und Passiva in Kontenform gegenüber.
(7) Berechnet sich als Unterschied aus Vermögen und Schulden.
(8) Zu diesen Schulden gehören zum Beispiel Hypotheken und Darlehen.

(9) Vermögen, das nur kurzfristig im Unternehmen ist und häufig seinen Bestand ändert.

(10) Das langfristig im Unternehmen eingesetzte Vermögen, das notwendig für den gesamten Geschäftsbetrieb ist.

(11) Ausführliche Aufstellung des Vermögens, der Schulden sowie des Eigenkapitals in Tabellenform.

Aufgabe 34

Gemeinsam mit weiteren Mitarbeiterinnen und Mitarbeitern führen Sie nach dem Bilanzstichtag Mitte Januar die Inventur durch. Sie zählen den gesamten Lagerbestand und nehmen alle Daten in die Inventurlisten auf.

Welches Inventurverfahren wird hier angewendet?

(1) Zeitnahe Stichtagsinventur

(2) Verlegte Inventur

(3) Permanente Inventur

(4) Reine Stichprobeninventur

(5) Reine Buchinventur

Aufgabe 35

Bei der Inventur des Artikels „SLM1710" stellen Sie eine Abweichung zwischen Soll- und Ist-Bestand fest. Eigentlich sollten 17 Stück vorhanden sein, Sie zählen jedoch nur 13 Stück. Was könnte die Differenz verursacht haben?

(1) Beim Wareneingang wurden im Warenwirtschaftssystem vier Stück zu viel eingegeben.

(2) Bei der Warenrücksendung an den Lieferer wurden statt 8 Stück nur 4 Stück gebucht.

(3) Zwei Stück sind durch Diebstahl abhandengekommen.

(4) Beim Warenverkauf wurden statt 3 Stück 6 Stück gebucht.

(5) Es wurden vier Stück vom Kunden zurückgeschickt, aber nicht entsprechend eingebucht.

Aufgabe 36

Was ist ein Inventar?

(1) die körperliche und buchmäßige Bestandsaufnahme aller Vermögensteile und Schulden nach Art, Menge und Wert

(2) die Gesamtheit der Büroausstattung

(3) das Umlaufvermögen

(4) ein Buchungssatz, der mehr als fünf Konten berührt

(5) das Bestandsverzeichnis aller Vermögensteile und Schulden nach Art, Menge und Wert

Aufgabe 37

Was versteht man unter einer Inventur?

(1) das Bestandsverzeichnis aller Vermögensteile und Schulden nach Art, Menge und Wert

(2) die buchmäßige Bestandsaufnahme aller Vermögensteile

(3) ein anderes Wort für das Umlaufvermögen

(4) die körperliche und buchmäßige Bestandsaufnahme aller Vermögensteile und Schulden nach Art, Menge und Wert

(5) ein Vorgang, der nach jeder erfolgten Warenbuchung durchzuführen ist, damit die Bestände immer stimmen

2 Bilanz

2.1 Aktivseite und Passivseite der Bilanz

Aufgabe 38

Welche der folgenden Aussagen sind richtig?

(1) Waren steht als Bilanzposition auf der Aktivseite.

(2) Die Position Hypotheken steht auf der Passivseite.

(3) Forderungen stellen eine Position auf der linken Seite der Bilanz, der Aktivseite, dar.

(4) Die Bilanz ist die Gegenüberstellung von Vermögen und Kapital eines Unternehmens zu einem bestimmten Zeitpunkt.

(5) Das Eigenkapital berechnet sich als Differenz zwischen dem vorhandenen Vermögen und dem Fremdkapital.

(6) Die Bilanz wird in Staffelform dargestellt.

(7) Die Aktivseite gibt Auskunft über die Mittelherkunft.

(8) Die Bilanzsumme auf der Passivseite ist genauso groß wie die auf der Aktivseite.

(9) Die Aktivseite wird nach der zunehmenden Flüssigkeit der Vermögensgegenstände gegliedert.

Aufgabe 39

Bringen Sie die Aktivseite der Bilanz in die richtige Reihenfolge.

(1) Fuhrpark

(2) Bank

(3) Waren

(4) Forderung

(5) BGA

(6) Gebäude

(7) Kasse

Aufgabe 40

Bringen Sie die Passivseite der Bilanz in die richtige Reihenfolge.

(1) Verbindlichkeiten aus Lieferungen und Leistungen

(2) Hypothekenschulden

(3) Eigenkapital

(4) Darlehensschulden

2.2 Geschäftsfälle und Veränderungen der Bilanz

Aufgabe 41

Vervollständigen Sie die folgenden Sätze um die fehlenden Begriffe.

Aktivkonto – Aktiv-Passiv-Mehrung – Aktiv-Passiv-Minderung – Bilanzsumme – Bilanzverkürzung – Bilanzverlängerung – Eigenkapitals – Passivpositionen – Passivtausch – vermindert – verringert – vier – Aktivtausch – Bilanz – Bilanzveränderungen – erhöht

Jeder Geschäftsfall wirkt sich auf die _____ aus. Dies nennt man _____. Davon gibt es _____ Arten.

Bei einer _____ nehmen Aktivpositionen und _____ in gleicher Höhe zu. Die Bilanzsumme _____ sich. Man nennt dies eine _____.

Bei einer _____ nehmen durch ein Geschäftsfall eine Aktivposition und eine Passivposition in gleicher Höhe ab. Die Bilanzsumme _____ sich. Man nennt dies eine _____.

Bei einem _____ bleibt _____ gleich: Durch einen Geschäftsfall erhöht sich ein _____, während sich ein anderes Aktivkonto vermindert.

Bei einem _____ erhöht sich durch einenGeschäftsfall ein Passivkonto, während sich ein anderes Passivkonto _____. Die Bilanzsumme bleibt gleich.

Bei den vier Bilanzveränderungen ergeben sich keine Änderungen des _____ des Unternehmens.

Aufgabe 42

Welcher der folgenden Geschäftsfälle stellt eine Aktiv-Passiv-Minderung dar?

(1) Kauf eines PC gegen bar

(2) Begleichung von Lieferverbindlichkeiten durch Banküberweisung

(3) Umwandlung von kurzfristigen Schulden in langfristige Schulden

(4) Kaufen von Waren auf Ziel

(5) Ausgleich einer Limitüberschreitung auf einem Bankkonto durch Einzahlung des entsprechenden Betrages aus der Kasse

3 Die Bestandskonten

Aufgabe 43

Welche der folgenden Aussagen zu den Bestandskonten sind richtig und welche falsch?

a) Die Gewinn- und Verlustrechnung am Schluss eines Wirtschaftsjahres bildet die Grundlage für die Buchführung des neuen Jahres.

b) Die Buchführung besteht aus einem Buch.

c) Das Grundbuch ordnet die Werteströme in zeitlicher Reihenfolge in Form von Buchungssätzen.

d) Das Hauptbuch ist die sachliche Organisation aller Bestands- und Erfolgskonten der Geschäftsbuchführung.

e) Ein Bestandskonto ist ein aus einer Einzelposition der Bilanz hergeleitetes Konto.

f) Ein Bestandskonto wird in Staffelform geführt.

g) Anfangsbestände auf aktiven Bestandskonten werden auf der Sollseite gebucht.

h) Abgänge auf passiven Bestandskonten werden auf der Sollseite gebucht.

i) Zugänge auf aktiven Bestandskonten werden im Haben gebucht.

j) Zugänge auf passiven Bestandskonten werden im Haben gebucht.

k) Die Sollseite auf einem Konto ist die rechte Seite.

Aufgabe 44

Wie lauten die Buchungssätze?

a) Auf dem Bankkonto geht für ein auf Rechnung verkauftes Produkt eine Zahlung ein.

b) Ein Darlehen wird durch Banküberweisung getilgt.

c) Für die Kasse wird ein Geldbetrag vom Bankkonto abgehoben.

d) Für den Verkauf eines Pkws gehen 1.000,00 € auf dem Bankkonto ein.

e) Ein Unternehmen nimmt ein Darlehen auf. Der Betrag wird auf das Bankkonto überwiesen.

f) Ein Unternehmen zahlt Bareinnahmen bei seiner Bank ein.

g) Ein Unternehmen bezahlt eine Liefererrechnung.

h) Ein Unternehmen kauft einen neuen Firmen-Pkw.

Aufgabe 45

Welches der folgenden Konten ist ein aktives Bestandskonto?

(1) Büro- und Geschäftsausstattung

(2) Löhne und Gehälter

(3) Verbindlichkeiten aus Lieferungen und Leistungen

(4) Wareneingang (Aufwendungen für Ware)

(5) Eigenkapital

Aufgabe 46

Welches der unten aufgeführten Konten ist ein passives Bestandskonto?

(1) Forderungen aus Lieferungen und Leistungen

(2) Gewerbesteuer

(3) Zinsaufwendung

(4) Grundstücke und Gebäude

(5) Verbindlichkeiten

4 Ablauf der Buchführung

Aufgabe 47

Vervollständigen Sie den folgenden Text um die Begriffe.

Aktiva – Belegnummer – Buchungsnummer – Gewinn – Grundbuch – Journal – Kontenklasse – Kontenplan – Kontenrahmen – Kontierung – ordnungsgemäßer – organisiert – sachlichen – vierstellige – zeitlicher

Selbst bei Kleinunternehmen fallen pro Kalenderjahr viele Tausende Buchungen an. Um bei diesen umfangreichen Informationen und Daten ein Überblick zu behalten, ist es wichtig, dass die Buchführung gut

_____ ist.

Gemäß den Grundsätzen _____ Buchführung erfolgt die Organisation der Buchführung auf zwei Arten:

Zunächst einmal werden die Buchungen in _____ (chronologischer) Reihenfolge geordnet. Dies erfolgt, indem alle Belege nach dem Datum sortiert und fortlaufend nummeriert im sogenannten

_____ festgehalten werden. Dieses wird auch als _____ bezeichnet. Hier findet man folgende Information:

→ fortlaufende _____

→ Verweis zu dem Beleg: _____

→ Buchungstext (kurze Beschreibung des Geschäftsfall)

→ _____ mit entsprechenden Beträgen (Angabe der Konten mit den dazugehörigen Beträgen)

Die Buchführung unterliegt zudem einer _____ Organisation. Diese erfolgt auf Konten im Hauptbuch. Durch Abschluss der einzelnen Konten lassen sich der_____ oder Verlust sowie die Bilanz ermitteln.

Grundlage des Hauptbuchs ist der _____. Dies ist ein Verzeichnis aller Konten, die in einem Unternehmen benötigt werden können. Die Krankenkassen sind sachlich sortiert. Die Sortierung erfolgt in_____, Passiva, Erträge und Aufwendungen, Ergebnisrechnung sowie Kosten- und Leistungsrechnung. Der Kontenrahmen weist jedem Konto eine _____ eindeutige Nummer zu. Die Nummerierung der Konten erfolgt nach Zugehörigkeit zu einer _____. Aus dem Kontenrahmen erstellt dann jedes Unternehmen seinen speziellen auf das Unternehmen abgestimmten _____. Dieser ist das Verzeichnis der in der Buchführung eines Unternehmens tatsächlich verwendeten Konten. Er enthält in der Regel weniger Konten als der Kontenrahmen, da nicht in jedem Unternehmen sämtliche Konten des Kontenrahmens benötigt werden.

Aufgabe 48

Bringen Sie die folgenden Prozessschritte in die richtige Reihenfolge.

(1) Abschluss der Bestandskonten auf das Schlussbilanzkonto

(2) Buchen der laufenden Geschäftsfälle

(3) Eröffnungsbuchungen

(4) Durchführen der vorbereitenden Abschlussbuchungen

(5) Abschluss der Erfolgskonten auf das G+V-Konto

(6) Abschluss des G+V-Kontos auf das Eigenkapitalkonto

Aufgabe 49

Was bezeichnet der Begriff „Kontenrahmen"?

(1) Es ist der Organisations- und Gliederungsplan der Buchführungskonten. In ihm werden die Konten grundlegend systematisch geordnet.

(2) Er stellt die tatsächliche, konkrete, betriebsspezifische Kontenorganisation dar.

(3) Der Begriff bezeichnet das Fenster in der Buchhaltungsabteilung.

(4) Der Kontenrahmen bezeichnet das höchste Limit eines Bankkontos.

(5) Im Kontenrahmen werden nur die Buchungen erfasst, die die Bezugskonten betreffen.

5 Erfolgskonten

Aufgabe 50

Welche der folgenden Aussagen sind richtig und welche falsch?

a) Es gibt drei Arten von Erfolgskonten.

b) Erträge wirken sich positiv auf das Eigenkapital aus.

c) Aufwendungen verringern den Gewinn.

d) Erfolgskonten sind Unterkonten des Eröffnung Kapitalkontos.

e) Erträge werden im Soll gebucht.

f) Aufwendungen werden im Soll gebucht.

g) Mehrungen im Eigenkapital stehen im Soll.

h) Ein Verlust steht im Gewinn- und Verlustkonto im Haben.

i) Der Saldo in einem Aufwandskonto steht im Haben.

j) Gewinne oder Verluste im Gewinn- und Verlustkonto werden auf das Konto Eigenkapital übertragen.

Aufgabe 51

Bestimmen Sie die Auswirkungen der folgenden Geschäftsfälle auf das Eigenkapital.

a) Das Finanzamt erstattet einen Vorsteuerüberhang.

b) Die am 01.10. für ein Jahr im Voraus gezahlte KFZ-Steuer wird zum Bilanzstichtag abgegrenzt.

c) Ein im Voraus gezahlter Mietaufwand wird zum Stichtag abgegrenzt.

d) Die Abschreibung auf den Fuhrpark wird zum Bilanzstichtag gebucht.

e) Eine im Vorjahr gebildete Rückstellung wird voll in Anspruch genommen.

Aufgabe 52

Welche der folgenden Konten gehören zur Gruppe der Erfolgskonten?

(1) Bank

(2) Warenverkauf (Umsatzerlöse)

(3) Darlehen

(4) Hilfsstoffe

(5) Gehälter

Aufgabe 53

Welche zwei Sachverhalte treffen auf den folgenden Buchungssatz zu?
„G+V-Konto an Eigenkapital"

(1) Im zu betrachtenden Geschäftsjahr ist ein Gewinn entstanden, der das Eigenkapital erhöht.

(2) Im zu betrachtenden Geschäftsjahr ist ein Verlust entstanden, der das Eigenkapital vermindert.

(3) Im G+V-Konto sind die Erträge größer als die Aufwendungen.

(4) Im zu betrachtenden Geschäftsjahr ist ein Verlust entstanden, der das Eigenkapital erhöht.

(5) Im G+V-Konto sind die Aufwendungen höher als die Erträge.

6 Warenbuchungen

Aufgabe 54

Über welches Konto wird immer die Bestandsveränderung abgeschlossen?

(1) Umsatzsteuer

(2) Vorsteuer

(3) Umsatzerlöse

(4) Aufwendungen für Waren

(5) Betriebs- und Geschäftsausstattung

Welche Aussagen sind richtig?

(1) Das Konto Umsatzerlöse ist ein Bestandskonto.

(2) Das Konto Warenbestand nimmt den Anfangs- und Endbestand von Waren auf.

(3) Aufwendungen für Ware und Umsatzerlöse werden über das Gewinn- und Verlustkonto abgeschlossen.

(4) Eine Bestandsmehrung liegt vor, wenn der Anfangsbestand an Waren größer ist als der Endbestand.

7 Grundsätze ordnungsgemäßer Buchführung

Ordnen Sie den wichtigen Begriffen bzw. Aussagen des Rechnungswesens die entsprechenden Erklärungen zu.

a) Keine Buchung ohne Beleg

b) Dokumentationsfunktion

c) Ordnungsfunktion

d) Beweisfunktion

e) Eigenbelege

f) Fremdbelege

g) Ersatzbelege

h) Güterstrom

i) Geldstrom

j) Geschäftsfall

(1) Belege, die vom eigenen Unternehmen erstellt werden.

(2) Vorgang, bei dem in irgendeiner Weise die Werte oder das Vermögen eines Unternehmens verändert werden.

(3) Wertestrom, bei dem Gelder fließen.

(4) Diese Belege werden ausgestellt, wenn ein Fremdbeleg nicht zu erhalten ist.

(5) Wichtiger Grundsatz ordnungsgemäßer Buchführung

(6) Wertestrom, bei dem Produkte und Dienstleistungen ausgetauscht werden.

(7) Durch Belege werden alle vermögenswirksamen Geschäftsfälle schriftlich festgehalten.

(8) Mithilfe von Belegen werden Unternehmen gut organisiert und gegliedert.

(9) Belege dienen häufig als Beweise bei strittigen Geschäftsfeldern zwischen verschiedenen Geschäftsverteilung.

(10) Belege, die von betriebsfremden Personen bzw. fremden Unternehmen erstellt werden.

Aufgabe 57

Welche Aussagen sind richtig und welche falsch?

a) Geschäftsprozesse verursachen keine Kosten.

b) Geschäftsprozesse leisten keinen Beitrag zur Wertschöpfung des Unternehmens.

c) Geschäftsprozesse leiten sich aus den Unternehmenszielen ab.

d) Geschäftsprozesse sind konsequent an Kunden ausgerichtet.

e) Ziel von Geschäftsprozessen ist es, den größtmöglichen Nutzen für Lieferanten zu erreichen.

f) Prozessorientierung bedeutet, dass man Intransparenz von Geschäftsvorgängen anstrebt.

g) Die bisherige funktionsorientierte Arbeitsteilung wird im Rahmen der Geschäftsprozessorientierung aufgehoben.

h) Kernprozesse erbringen die Hauptleistung eines Unternehmens.

i) Bei Unterstützungsprozessen liegt eine direkte Schnittstelle zum Kunden vor.

8 Eröffnungsbilanzkonto und Schlussbilanzkonto

Aufgabe 58

Wodurch unterscheiden sich Eröffnungsbilanzkonto (EBK) und Eröffnungsbilanz?

Aufgabe 59

Unterscheiden Sie Schlussbilanz und Schlussbilanzkonto (SBK).

9   Die Umsatzsteuer

Aufgabe 60

Was bezeichnet der Begriff „Brutto-Rechnungsbetrag"?

(1) Der Brutto-Rechnungsbetrag bezeichnet den vollständigen Rechnungsbetrag inklusive Umsatzsteuer.

(2) Der Brutto-Rechnungsbetrag bezeichnet den vollständigen Rechnungsbetrag vor Addition der Umsatzsteuer.

(3) Der Brutto-Rechnungsbetrag ist ein anderer Begriff für Ist-Bestände.

(4) Der Brutto-Rechnungsbetrag ist ein anderer Begriff für Soll-Bestände.

(5) Mit dem Brutto-Rechnungsbetrag wird die Kostenstruktur eines Unternehmens optimiert.

Aufgabe 61

Wie wird die Umsatzsteuerzahllast ermittelt?

(1) Die Umsatzsteuerforderungen aus den Eingangsrechnungen und die Vorsteuerverbindlichkeiten aus den Ausgangsrechnungen werden gegeneinander aufgerechnet.

(2) Die Vorsteuerforderungen aus den Eingangsrechnungen und die Umsatzsteuerverbindlichkeiten aus den Ausgangsrechnungen werden gegeneinander aufgerechnet.

(3) Sie stellt die Forderungen und kurzfristigen Verbindlichkeiten gegenüber. Der für das eigene Unternehmen negative Saldo bezeichnet den an die Lieferanten zu zahlenden Betrag.

(4) Die Umsatzsteuerzahllast wird in den Allgemeinen Geschäftsbedingungen aufgeführt und dort abgelesen.

(5) Es wird die Gesamtheit der in einem Großhandelsunternehmen regelmäßig zum Verkauf angebotenen Artikel ermittelt.

Aufgabe 62

Die Differenz zwischen Soll und Haben beträgt auf dem Umsatzsteuerkonto am Jahresende 7.700,00 €. Der Saldo auf dem Vorsteuerkonto hingegen 8.600,00 €. Berechnen Sie den Vorsteuerüberhang.

Aufgabe 63

Was versteht man unter der Passivierung der Zahllast?

Aufgabe 64

Am Ende des Jahres muss bei der Spindler KG eine Passivierung der Zahllast erfolgen. Wie lautet der Buchungssatz?

(1) GuV

(2) Wareneingang

(3) Umsatzsteuer

(4) SBK

(5) Vorsteuer

Aufgabe 65

Wie hoch ist der ermäßigte Umsatzsteuersatz?

(1) 6 %

(2) 7 %

(3) 19 %

(4) 16 %

(5) 5 %

Aufgabe 66

Für welches der folgenden Produkte gilt der ermäßigte Umsatzsteuersatz?

(1) Möbel

(2) Tabakwaren

(3) Elektronikartikel

(4) Spielzeug

(5) Lebensmittel

10 Die Abschreibung

Aufgabe 67

Erläutern Sie die folgenden Begriffe:

a) lineare Abschreibung
b) degressive Abschreibung
c) Leistungsabschreibung
d) außerplanmäßige Abschreibung
e) geringwertige Wirtschaftsgüter
f) Erinnerungswert

Aufgabe 68

Wie wird bei der linearen Abschreibungsmethode abgeschrieben?

(1) mit fallenden Beträgen vom Anschaffungswert
(2) mit gleichbleibenden Beträgen vom Anschaffungswert
(3) mit fallenden Beträgen vom Restwert
(4) mit gleichbleibenden Beträgen vom Restwert
(5) mit fallenden Beträgen

Aufgabe 69

Welche ist die richtige Formel für den Abschreibungsprozentsatz bei der linearen Abschreibungsmethode?

(1) $\dfrac{\text{Anschaffungswert}}{\text{Nutzungsdauer}}$

(2) $\dfrac{100}{\text{Nutzungsdauer}}$

(3) $\text{Buchwert} \cdot \dfrac{\text{Anschaffungswert}}{100}$

(4) $\dfrac{\text{Nutzungsdauer}}{\text{Anschaffungswert}}$

(5) $\dfrac{\text{Nutzungsdauer}}{100}$

Aufgabe 70

Die Martin KG hat am 29.04. eine neue Anlage gekauft. Die Anschaffungskosten betrugen 4.368,00 €. Ermitteln Sie den Buchwert zum Ende des Jahres (31.12.) bei linearer Abschreibung und einer Nutzungsdauer von 8 Jahren.

Aufgabe 71

In der Tapken KG beläuft sich der Buchwert einer Maschine auf 140.000,00 €. Die planmäßige Abschreibung beträgt 35.000,00 €. Bedingt durch technischen Fortschritt verliert die Maschine zusätzlich 6.000,00 € an Wert.

Berechnen Sie den neuen Buchwert.

Aufgabe 72

Welche drei Gruppen von Forderungen unterscheidet man nach dem Grad der Güte (Bonität)? (Drei Antworten sind richtig.)

(1) bezahlte Forderungen

(2) einwandfreie Forderungen

(3) zweifelhafte Forderungen

(4) uneinbringliche Forderungen

(5) unbezahlte Forderungen

Aufgabe 73

In welchem der unten aufgeführten Fälle liegt eine uneinbringliche Forderung vor?

(1) Ein Kunde stellt seine Zahlung ein.

(2) Das Insolvenzverfahren über das Vermögen eines Kunden wird eröffnet.

(3) Ein Kunde zahlt nicht den vollen fälligen Betrag.

(4) Eine Forderung ist verjährt.

(5) Der Kunde ist nicht erreichbar.

11 Die zeitliche Abgrenzung

Aufgabe 74

Welches Konto ist in den folgenden Fällen zur zeitlichen Abgrenzung zu verwenden?

a) Am Jahresende steht die Rechnung der Stadtwerke für den Monat Dezember aus. Nach Ablesen der verschiedenen Stromzähler werden Stromkosten in Höhe von 2.089,00 € ermittelt.

b) Die Gruna KG hat früher der Kilian GmbH ein Darlehen gewährt. Diese muss halbjährlich am 30. April und 31. Oktober einen Zinsbetrag in Höhe von 600,00 € an die Gruna KG überweisen.

c) Die Versicherungen für die Pkws und Lkws der Gruna KG in Höhe von 18.000,00 € wurden am 1. Oktober für ein Jahr im Voraus überwiesen.

d) Die Gruna KG hat ein zu klein gewordenes Lager in Rostock an die Garbers OHG vermietet. Diese zahlt am 1. Dezember die Vierteljahresmiete in Höhe von 18.000,00 € im Voraus.

Aufgabe 75

Die halbjährlich fälligen Darlehenszinsen vom 1. September bis zum 28. Februar von 1.200,00 € werden vom Darlehensschuldner der Gruna KG am 28. Februar an diese überwiesen (200,00 € Zinsen).

a) Bitte buchen Sie den Geschäftsfall am Bilanzstichtag des Abschlussjahres.

b) Wie lautet die Buchung bei Zahlungseingang am 28. Februar des neuen Geschäftsjahres?

Aufgabe 76

Ein Aufwand bzw. Ertrag, der durch das laufende Geschäftsjahr wirtschaftlich begründet ist, dessen Zahlungsvorgang jedoch erst im neuen Geschäftsjahr erfolgt, wird am Bilanzstichtag als was buchungsmäßig erfasst?

(1) sonstige Forderung bzw. sonstige Verbindlichkeit

(2) sonstige Verbindlichkeit bzw. Darlehen

(3) kurzfristige Verbindlichkeit bzw. Forderung

(4) Verbindlichkeit bzw. Hypothek

(5) Forderung bzw. Disagio

Aufgabe 77

Welchen Grundsatz der ordnungsgemäßen Buchführung erfüllt die zeitliche Abgrenzungsrechnung?

(1) Entscheidung über Abschreibungsmethode

(2) Richtigkeit der Zahllast gegenüber dem Finanzamt am Stichtag

(3) Periodengerechte Buchführung

(4) Ordnungsgemäße Gegenüberstellung von Gewinn und Verlust hinsichtlich der betrieblichen Tätigkeit

(5) Genauigkeit bei der Ermittlung der Schlussbestände von Warenbeständen

12 Die Bewertung von Bilanzpositionen

Aufgabe 78

Welche der folgenden Aussagen zur Bewertung von Verbindlichkeiten sind falsch?

(1) Verbindlichkeiten sind mit ihrem Rückzahlungsbetrag anzusetzen.

(2) Bei der Bewertung von Verbindlichkeiten gilt das Niederstwertprinzip.

(3) Verbindlichkeiten sind mit ihrem Erfüllungsbetrag zu aktivieren.

(4) Der Erfüllungsbetrag ist der Betrag, der bei normaler Abwicklung des Geschäfts zur Tilgung der Verpflichtung benötigt wird.

(5) Fallen die Wechselkurse, darf der Wert der Verbindlichkeiten zum Zeitpunkt der Erstverbuchung nicht unterschritten werden.

(6) Für ein etwaiges Disagio bei Darlehen und Hypotheken besteht steuerrechtlich eine Passivierungspflicht.

(7) Ist der Rückzahlungsbetrag niedriger als der Auszahlungsbetrag, spricht man bei der Differenz vom Disagio.

Aufgabe 79

Welche Unterscheidung gilt bei der Bewertung des Anlagevermögens?

(1) neuer Buchwert/alter Buchwert

(2) lineare Methode und Durchschnittsbewertung

(3) nicht abnutzbares und abnutzbares Anlagevermögen

(4) degressive und lineare Methode

(5) degressive Methode und Durchschnittsbewertung

Aufgabe 80

Welches Verfahren unterstellt, dass die zuerst angeschafften Vorräte auch zuerst veräußert oder verbraucht werden?

(1) Disagio

(2) Lifo

(3) Fifo

(4) Fofi

(5) Foli

Aufgabe 81

Welches Verfahren ist zulässig bei der Bewertung der Vorräte?

(1) degressive Methode

(2) lineare Methode

(3) Durchschnittsbewertung

(4) Abnutzungsmethode

Aufgabe 82

Eine Durchschnittswertermittlung (Durchschnittsbewertung) kann in welchen zwei Formen durchgeführt werden?

(1) jährliche und laufende Durchschnittswertermittlung

(2) quartalsanteilige und monatliche Durchschnittswertermittlung

(3) monatliche und laufende Durchschnittswertermittlung

(4) wöchentlich und laufende Durchschnittswertermittlung

(5) tägliche und laufende Durchschnittswertermittlung

Aufgabe 83

Nach welchem Prinzip sind Verbindlichkeiten anzusetzen?

(1) Niederstwertprinzip

(2) Höchstwertprinzip

(3) Beides ist möglich.

(4) Es gibt eine freie Wahl der Höhe der Verbindlichkeiten.

13 Zahlungsformen

Aufgabe 84

Was versteht man unter Barzahlung?

Aufgabe 85

Führen Sie Funktion und Bestandteile einer Quittung auf.

Aufgabe 86

Unterscheiden Sie Dauerauftrag und Lastschriftverfahren als Sonderformen der bargeldlosen Zahlung.

14 Berechnung von Zinsen

Aufgabe 87

Die Martin KG möchte sich 55.000,00 € zu 6,5 % Zinsen p. a. leihen. Wie viel Euro muss sie dann nach einem Jahr an Zinsen zahlen?

(1) 6.000,00 €

(2) 4.500,00 €

(3) 3.575,00 €

(4) 2.750,00 €

Aufgabe 88

Wie viel Euro muss die Martin KG zurückzahlen, wenn sie sich für 9 Monate 40.000,00 € zu 5,5 % Zinsen p. a. leiht?

(1) 58.000,00 €

(2) 48.400,00 €

(3) 43.900,00 €

(4) 42.200,00 €

Aufgabe 89

Die Martin KG hat einen Kredit von 30.000,00 € für 256 Tage aufgenommen und muss 362,67 € an Zinsen zahlen.

Wie hoch war der Zinssatz, zu dem sie das Geld geliehen hat?

(1) 1,7 %

(2) 1,5 %

(3) 1,8 %

(4) 2,0 %

15 Der Zahlungsverzug

Aufgabe 90

Die Tom Bartels KG vermisst einen Zahlungseingang von Robert Menne, Herrenhäuserstr. 55, 30169 Hannover.

a) Welche Voraussetzungen müssen gegeben sein, damit Robert Menne sich im Zahlungsverzug befindet?

b) Welche Rechte kann die Tom Bartels KG bei einem Zahlungsverzug gegenüber Robert Menne geltend machen?

Aufgabe 91

Muss in den folgenden Fällen gemahnt werden?

(1) „zahlbar bis Ende Juli"

(2) „zahlbar sofort"

(3) „zahlbar bis zur 20. Kalenderwoche"

16 Mahnverfahren und Verjährung

Aufgabe 92

Was versteht man unter dem außergerichtlichen Mahnverfahren?

Aufgabe 93

Was geschieht, wenn der Schuldner beim gerichtlichen Mahnverfahren innerhalb von zwei Wochen dem Mahnbescheid des Gläubigers widerspricht?

(1) Der Gläubiger kann einen Vollstreckungsbescheid beantragen.

(2) Das strittige Verfahren wird vor Gericht durchgeführt.

(3) Der Gläubiger kann die Zwangsvollstreckung beantragen.

(4) Es geschieht nichts.

(5) Das Gericht zwingt den Schuldner zur Zahlung des Betrags.

Aufgabe 94
Welche Aussage trifft auf das gerichtliche Mahnverfahren zu?

(1) Das gerichtliche Mahnverfahren wird immer von einem Landgericht durchgeführt.

(2) Die Tom Hoss KG als Antragsteller muss dem zuständigen Gericht nachweisen, dass sein Anspruch zu Recht besteht.

(3) Wenn der Schuldner der Tom Hoss KG gegen den Mahnbescheid Widerspruch erhebt, kann die Tom Hoss KG die Zustellung eines Vollstreckungsbescheids beantragen.

(4) Wenn der Schuldner der Tom Hoss KG nichts gegen den Vollstreckungsbescheid unternimmt, kann eine Zwangsvollstreckung durchgeführt werden.

Aufgabe 95
Geben Sie an, welche Aussage zur Verjährung richtig ist.

(1) Ein gerichtlicher Vollstreckungsbescheid verjährt nach 12 Jahren.

(2) Jede außergerichtliche Mahnung unterbricht die Verjährung.

(3) Verjährungsfristen können durch die AGB abgeändert werden.

(4) Verjährte Forderungen können vom Gläubiger geltend gemacht werden, aber nicht gerichtlich eingefordert werden.

(5) Jede Forderung eines Gläubigers verjährt genau zwei Kalenderjahre nach Entstehung.

17 Kreditarten

17.1 Kredite

Aufgabe 96
Erläutern Sie die folgenden Begriffe:

a) kurzfristige Kredite
b) mittelfristige Kredite
c) langfristige Kredite
d) Kontokorrentkredit
e) Darlehen

f) Fälligkeitsdarlehen

g) Abzahlungsdarlehen (Ratentilgung)

h) Annuitätendarlehen

i) Lieferantenkredit

j) Einfacher Personalkredit

k) Verstärkte Personalkredite

l) Bürgschaft

m) Zession

n) Realkredite

o) Lombardkredit

p) Hypothek

Aufgabe 97

Welche der folgenden Aussagen ist falsch?

(1) Der Vorteil einer Sicherungsübereignung ist, dass der Schuldner die Sache weiterhin nutzen kann.

(2) Eine stille Zession liegt vor, wenn der Drittschuldner keine Kenntnis von der Forderungsabtretung hat.

(3) Wenn neben dem Kreditnehmer oder der Kreditnehmerin noch weitere Personen haften, handelt es sich um einen verstärkten Personalkredit.

(4) Bei einem Lombardkredit wird die Bank Eigentümerin der beliehenen Wertpapiere.

Aufgabe 98

Die „Einrede der Vorausklage" bedeutet, ...

(1) dass der Kreditnehmer und der Bürge die Forderung zu je gleichen Teilen bezahlen müssen.

(2) dass der Bürge sein Versprechen hält und die Forderung für den Kreditnehmer bezahlt.

(3) dass sie im Zusammenhang mit einer Bürgschaft überhaupt nichts aussagt.

(4) dass der Bürge erst zahlt, wenn beim Kreditnehmer erfolglos gepfändet wurde.

Aufgabe 99

Welche zwei der folgenden Aussagen sind richtig?

(1) Zur Sicherung von Krediten können Personen, aber auch Sachgegenstände dienen.

(2) Kann ein Kreditnehmer das Geld nicht zurückzahlen, wird der Kreditvertrag als nichtig erklärt.

(3) Kreditwürdig sind nur natürliche Personen.

(4) Ein anderer Begriff für Kreditwürdigkeit ist Bonität.

(5) Die Zession gehört zu den Sachkrediten.

17.2 Vermeidung von Kreditkosten durch Leasing und Factoring

Aufgabe 100

Erläutern Sie die folgenden Begriffe:

a) Factoring

b) Factoringgebühr

c) Sicherheitseinbehalt

d) Delkredere

e) offenes Factoring

f) stilles Factoring

g) echtes Factoring

h) unechtes Factoring

Aufgabe 101

Was ist der Unterschied zwischen „echtem" und „unechtem" Factoring?

(1) Beim „echten" Factoring bietet der Factor eine zusätzliche Delkrederefunktion an, die z. B. in der Sicherung vor Verlusten aus Insolvenzen besteht.

(2) Beim „unechten" Factoring bietet der Factor eine zusätzliche Delkrederefunktion an, die z. B. in der Sicherung vor Verlusten aus Insolvenzen besteht.

(3) Beim „echten" Factoring bietet der Factor eine zusätzliche Delkrederefunktion an, die aus einer Kreditgewährungsfunktion besteht.

(4) Beim „unechten" Factoring bietet der Factor eine zusätzliche Delkrederefunktion an, die z. B. aus der Übernahme von Wechseln besteht.

Aufgabe 102

Welches ist ein Merkmal des Finance-Leasings?

(1) Der Vertrag besteht ohne feste Grundmietzeit.

(2) Der Vertrag kann vom Leasingnehmer jederzeit gekündigt werden.

(3) Das Investitionsrisiko liegt beim Leasinggeber.

(4) Der Leasinggeber stellt das Kapital zur Verfügung und trägt das Kreditrisiko.

Aufgabe 103

Die Martin KG hat eine Maschine zu folgenden Konditionen geleast:

Monatliche Grundmiete: 368,00 €

Monatliche Zusatzgebühr: 55,00 €

Monatliche Urheberrechtspauschale 1,65 €

In der monatlichen Grundmiete sind bereits die Herstellung der Einheiten 1 – 7 500 enthalten. Aber ab der 7 501. Einheit fallen Kosten in Höhe von 3,2 ct. je Einheit an. (Alle Angaben verstehen sich zuzüglich 19 % Umsatzsteuer.)

Ermitteln Sie den Bruttorechnungsbetrag für den Monat August, in dem die produzierte Menge 8.400 Einheiten betrug.

Aufgabe 104

Bei welchen Kosten handelt es sich um fixe und bei welchen um variable Kosten?

(1) Eingekaufte Waren zum Weiterverkauf

(2) Monatsmiete für das Bürogebäude

(3) Pauschale Versicherungsprämien

(4) Gehalt für die Mitarbeiterin der Controllingabteilung

(5) Ausgangsfrachten

(6) Provision für die Vertriebsmitarbeiter

18 Kostenrechnung

18.1 Die Kostenartenrechnung

Ordnen Sie den Situationen die folgenden Begriffe richtig zu:

--> Einzahlung
--> Einnahme
--> Ertrag
--> Leistung
--> Auszahlung
--> Ausgabe
--> Aufwand
--> Kosten

a) Ein Kunde der Nörten GmbH begleicht seine Rechnung in Höhe von 10.000,00 €.

b) Barverkauf einer Ware auf einer Messe

c) Verkauf von Waren auf Ziel durch die Nörten GmbH

d) Die Nörten GmbH begleicht eine Verbindlichkeit in Höhe von 20.000,00 € per Banküberweisung.

e) Barkauf auf einer Messe

f) Einkauf von Waren auf Ziel durch die Nörten GmbH

g) Die Nörten GmbH verkauft Regale zum Buchwert von 2.500,00 €.

h) Die Nörten GmbH kauft einen neuen Lkw für 67.000,00 €.

i) Ein Firmen-Pkw mit dem Buchwert von 3.000,00 € wird für 5.000,00 € verkauft.

j) Die Nörten GmbH kauft für die Herstellung (durch entsprechenden Aufdruck) personalisierter T-Shirts 100 unbedruckte Exemplare und verbraucht sie im gleichen Jahr.

k) Die Nörten GmbH bedruckt T-Shirts und nimmt sie auf Lager (verkauft werden sie im nächsten Jahr).

l) Die Nörten GmbH schreibt ein Gebäude planmäßig ab.

m) Einem Kunden der Nörten GmbH werden Verzugszinsen in Rechnung gestellt.

n) Die Nörten GmbH spendet für die Opfer einer Hochwasserka-
tastrophe.

o) Die Nörten GmbH produziert Textilien und verkauft diese
auch.

p) Die Nörten GmbH versichert die Warenvorräte.

q) Differenzen bei der unterschiedlichen Bewertung der Vorräte
zwischen Geschäftsbuchführung und Kosten- und Leistungsrechnung.

r) In der Nörten GmbH wird der Unternehmerlohn für Herrn
Goran, der im Unternehmen mitarbeitet, einkalkuliert.

Aufgabe 106

Definieren Sie die folgenden Begriffe:

a) Gemeinkosten

b) progressive Kosten

c) Einzelkosten

d) fixe Kosten

e) proportionale Kosten

f) variable Kosten

g) sprungfixe Kosten

h) Gesetz der Massenproduktion

i) Grundkosten

j) kalkulatorische Kosten

Aufgabe 107

*Welche Formel sollte die Martin KG in der Kosten- und Leistungs-
rechnung anwenden?*

(1) Betriebsergebnis = Neutrales Ergebnis – Gesamtergebnis

(2) Betriebsergebnis = Neutrales Ergebnis + Gesamtergebnis

(3) Neutrales Ergebnis = Betriebsergebnis + Gesamtergebnis

(4) Gesamtergebnis = Betriebsergebnis + Neutrales Ergebnis

(5) Neutrales Ergebnis = Betriebsergebnis – Gesamtergebnis

Aufgabe 108

Aus der Kosten- und Leistungsrechnung der Martin KG geht hervor, dass die gesamten Aufwendungen 246.000,00 €, die gesamten Erlöse 289.000,00 €, die Kosten 208.900,00 € und die Leistungen 275.900,00 € betragen. Ermitteln Sie

a) das Betriebsergebnis
b) das neutrale Ergebnis
c) das Gesamtergebnis

Aufgabe 109

Für die Martin KG wurde die folgende GuV-Rechnung (in 1.000,00 €) erstellt.

S	**Gewinn- und Verlustkonto**		H
Personalaufw.	8.000,00	Umsatzerlöse	20.000,00
Abschreibungen	3.000,00	Mieterträge	1.500,00
Außerord. Aufw.	500,00	Zinserträge	500,00
Allg. Verwalt.-Aufw.	2.500,00		
Zinsaufw.	350,00		
Gewinn	7.650,00		
	22.000,00		22.000,00

In die Kostenrechnung müssen noch die folgenden Aspekte einbezogen werden:
→ Kalkulatorischer Unternehmerlohn: 650.000,00 €
→ Kalkulatorische Abschreibungen: 5.000.000,00 €
→ Kalkulatorischer Zinsaufwand: 1.000.000,00 €

Erstellen Sie eine Ergebnistabelle, nehmen Sie die kostenrechnerischen Korrekturen vor und berechnen Sie das Betriebsergebnis.

18.2 Die Kostenstellenrechnung

Aufgabe 110

Vervollständigen Sie den folgenden Text um die Begriffe.

> BAB – Betriebsabrechnungsbogen – direkte – Funktionsbereichen – Gemeinkosten –Hauptkostenstellen – Kostenstelle – Kostenstellenplan – Kostenträger – Kostenverursachung – kostet – Leistungseinheit – Prozentsatz – unwirtschaftliche – Vertrieb – Verursachungsbereichen – Verwaltung – Verwaltung – Zuschlagssätze – Kostensteigerung – Nebenkostenstellen – Einheiten – Unternehmung – Verantwortungsträger

Die Kostenstellenrechnung übernimmt die Aufgabe, die Kosten so zu erfassen, dass sie jeder _____ eines Unternehmens (= Kostenstelle) zugeordnet werden können. Sie ordnet die Kosten ihren _____ zu. Die Kostenstellenrechnung identifiziert somit wirtschaftliche bzw. _____ Bereiche des Betriebsprozesses.

Im Rahmen der Kostenstellenrechnung wird das Unternehmen in kleine _____ – meistens sind diese Organisationseinheiten der _____ – zerlegt. Diesen werden die dort verursachten Kosten zugeordnet. Mit den ermittelten Kosten kann die betriebliche Tätigkeit kontrolliert werden. Wird beispielsweise eine _____ bei einer Kostenstelle festgestellt, muss der für die Kostenstelle _____ Maßnahmen ergreifen.

Unterschieden werden zunächst einmal zwei Arten von Kostenstellen:

→ Bei den _____ erfolgt die eigentliche betriebliche Tätigkeit, nämlich die _____ Leistungserstellung.

→ Die _____ unterstützen die Hauptkostenstellen bei der Erzeugung von deren Leistungen.

In vielen Unternehmen wird für die verwendeten Kostenstellen ein _____ geführt.

Die Kostenstellen werden sehr oft nach den _____ eingeteilt:

--→ Material
--→ Fertigung

--→ _____

--→ _____

Auf diese Kostenstellen werden die _____ umgelegt. Dies sind Kosten, die unbedingt nötig sind, um ein Produkt zu erstellen, aber diesem _____ nicht direkt zugeordnet werden können. Gemeinkosten sind oft Kosten, die mit der _____, Kontrolle und Steuerung des Unternehmens zu tun haben.

Das wichtigste Instrument der Kostenstellenrechnung ist der _____. Dieser wird oft mit _____ abgekürzt. Er hilft bei der Lösung eines der größten Probleme der Kostenrechnung: Er schlüsselt die Kostenarten, die sich auf mehrere Leistungen beziehen, entsprechend ihrer _____ auf. Er stellt eine Tabelle für die interne Kostenverrechnung dar, mit der die _____ für die Selbstkostenkalkulation gebildet werden können.

Zusammengefasst: In tabellarischer Form werden die auf jede _____ entfallenden Gemeinkosten als _____ den in der Kostenstelle verursachten Einzelkosten zugeschlagen. Mit den ermittelten Gemeinkostenzuschlägen können später in der Kostenträgerrechnung Information darüber gewonnen werden, wie viel das Produkt _____.

18.3 Die Kostenträgerrechnung

Aufgabe 111

Vervollständigen Sie den folgenden Text um die Begriffe.

> Betriebsgewinn – betriebswirtschaftlicher – Deckungsbeitrag – Erfolg – fixen – Fixkosten – Kostenträgern – Kostenträgerrechnung – Periode – Preisuntergrenze – Produkt – Selbstkosten – Stück – Teilkostenrechnung – variablen – Verkaufserlösen – Verkaufspreis – Vollkostenrechnung – wirtschaftlich

Die Kostenträgerrechnung ist die Methode der Kosten- und Leistungsrechnung, die insgesamt den größten Beitrag zur Steuerung von Unternehmen liefert. Sie ermittelt, für welches _____ in welcher Höhe Kosten angefallen sind: Sie ermittelt also den _____ des Kostenträgers. Unter _____versteht man die Leistungen, deren Erstellung die Kosten verursacht hat.

Es gibt zwei grundlegende Arten der _____. Beide Arten ermitteln, in welcher Höhe Kosten für einen Kostenträger (zum Beispiel ein Produkt) entstanden sind:

Bei der _____ werden alle Kosten (sowohl die _____ als auch die variablen) auf die Produkte umgelegt. Diese Art der Kostenträgerrechnung dient der Ermittlung der _____ im Rahmen der Verkaufskalkulation.

Im Rahmen der _____werden nur Teile der Gesamtkosten (in der Regel nur die _____ Kosten) auf die Produkte umgelegt. Diese Art der Kostenträgerrechnung dient der Unterstützung _____Entscheidungen. Sie ermittelt zum Beispiel den Deckungsbeitrag. Dies ist der Betrag, mit dem einzelne Artikel oder Warengruppen eines Sortiments zur Deckung der _____ beitragen.

Die Deckungsbeitragsrechnung hat drei Grundideen:

→ Ein _____ sollte mindestens die variablen Kosten des Produkts abdecken.
→ Über die variablen Kosten hinausgehende Beträge liefern einen Beitrag (= _____) zur Abdeckung der Fixkosten.
→ Ist der Deckungsbeitrag größer als die fixen Kosten, wird ein _____ erzielt.

Um die Deckungsbeiträge für die einzelnen Artikel, Warenarten und Warengruppen zu ermitteln, werden von den _____ der Artikel die jeweils durch sie verursachten variablen Kosten abgezogen. Die Deckungsbeiträge können je _____ oder für eine _____ ermittelt werden.

Im Rahmen der Deckungsbeitragsrechnung – als Teilbereich der Teilkostenrechnung – wird oft auch die sogenannte _____ ermittelt. Bis zu dieser ist eine Preissenkung für das Unternehmen möglich und _____ sinnvoll. Sie liegt dort, wo der Verkaufspreis sämtliche durch diesen Artikel direkt verursachten Kosten deckt.

Aufgabe 112

Welcher Nachteil ergibt sich in der Vollkostenrechnung?

(1) Die Handlungskosten (Gemeinkosten) werden den Kostenträgern nicht verursachungsgerecht zugeordnet.

(2) Fixe Kosten werden nicht dazugerechnet.

(3) Variable Kosten werden vernachlässigt.

(4) Der Beschäftigungsgrad des Betriebes wird hier mit einkalkuliert.

(5) Mit der Vollkostenrechnung wird der erwartete Gewinn/Verlust tatsächlich berechnet.

Aufgabe 113

Wie wird der Deckungsbeitrag errechnet?

(1) Verkaufspreis – variable Kosten

(2) Verkaufspreis + Fixkosten

(3) Einkaufspreis – variable Kosten

(4) Verkaufspreis – Fixkosten

(5) Verkaufspreis + variable Kosten

Aufgabe 114

Wo liegt der Break-Even-Point?

(1) im Schnittpunkt der Erlös- und Kostenfunktion

(2) in der Gewinnzone

(3) in der Verlustzone

(4) in der neutralen Zone

(5) im Schnittpunkt zwischen Deckungsbeitrag und Kostenfunktion

Aufgabe 115

Wie wird der Break-Even-Point bestimmt?

(1) Erlös = tatsächlicher Kostenverlauf

(2) Erlös = verrechnete Kostenkurve der Vollkostenrechnungen

(3) tatsächlicher Kostenverlauf = verrechnete Kostenkurve der Vollkostenrechnungen

(4) Fixkosten = Erlös

(5) Fixkosten = tatsächlicher Kostenverlauf

Aufgabe 116

Was versteht man unter einem Deckungsbeitrag?

(1) die Differenz zwischen den Verkaufserlösen und den variablen Kosten eines Kostenträgers

(2) die Differenz zwischen den Verkaufserlösen und den fixen Kosten eines Kostenträgers

(3) die Differenz zwischen den Verkaufserlösen und den variablen Kosten einer Kostenstelle

(4) den Beitrag des Gewinns

(5) die Summe für vorhergesehene Ausgaben eines Betriebes

Aufgabe 117

Die Indus GmbH hat folgende Werte der Kostenrechnung entnommen

→ Fixkosten = 16.000,00 €
→ Variable Kosten = 2,40 €
→ Verkaufspreis = 5,00 €

Sie möchte nun verschiedene Kennzahlen für einen bestimmten Artikel berechnen.

Ermitteln Sie

a) *den Deckungsbeitrag*

b) *den Break-Even-Point*

Aufgabe 118

Erläutern Sie die Bedeutung der Berechnung von Preisuntergrenzen.

Aufgabe 119

Die Indus GmbH möchte demnächst 20.000 Stück eines bestimmten Artikels verkaufen. Aus der Kostenrechnung liegen folgende Daten vor:

→ Einkaufskosten (variable Kosten): 100.000,00 €
→ Transportkosten (variable Kosten): 12.000,00 €
→ Vertriebskosten (variable Kosten): 30.000,00 €
→ Verwaltungskosten (Fixkosten): 20.000,00 €
→ Gehaltskosten (Fixkosten): 80.000,00 €

Berechnen Sie die Preisuntergrenzen.

19 Das Controlling

Aufgabe 120

Ordnen Sie den Bereichen jeweils einen Baustein des Controlling-Berichtswesens zu.

Bereiche des Controllings:

a) Kostenbereich

b) Personalbereich

c) Lagerbereich

d) Absatzbereich

e) Erfolgsbereich

f) Finanzbereich

Bausteine:

(1) Kapazitätsauslastung

(2) Lohn- und Gehaltskosten

(3) Betriebsergebnisrechnung

(4) Liquidität

(5) fixe Kosten

(6) Gesamtumsatz

Aufgabe 121

Welche Aussage über das Controlling ist richtig?

(1) Die Zielvorgabe des operativen Controllings ist die Erhöhung der Rentabilität.

(2) Controlling-Abteilungen besitzen kein fachliches Weisungsrecht.

(3) Die Aufgabe des Controllers ist es, die Zielvorgaben zu realisieren.

(4) Die Kostenstellenleiter haben Preis- und Verbrauchsabweichungen zu verantworten.

(5) Die Geschäftsführung muss das Budget der einzelnen Kostenstellen festlegen.

Aufgabe 122

Welche Aussage zählt nicht zum strategischen Controlling?

(1) Der Betrachtungszeitraum ist langfristig.

(2) Die Informationsgrundlagen sind Daten aus der Kosten- und Leistungsrechnung.

(3) Einziges Ziel ist die Zukunftssicherung des Unternehmens.

(4) Die Informationsgrundlagen sind u. a. gesellschaftliche, politische und wirtschaftliche Daten über die Entwicklung der Zukunft.

Aufgabe 123

Helfen Sie der Martin KG, die Arbeitsschritte des Controlling-Prozesses in die richtige Reihenfolge zu bringen.

(1) Durchführen von Korrekturen

(2) Ermitteln der Ist-Werte

(3) Ermitteln von Richtwerten bzw. Zielen

(4) Ermitteln der Abweichungen von den Richtwerten

(5) Vorschlagen von Korrekturlösungen

(6) Ermitteln der Abweichungsursachen

Aufgabe 124

Unterscheiden Sie die Eigenkapitalrentabilität und die Gesamtkapitalrentabilität.

Definieren Sie dabei beide Begriffe und geben Sie entsprechende Formeln an.

Aufgabe 125

Was drücken die Liquiditätskennzahlen aus?

(1) Sie drücken die Schulden aus, die in der Bilanzerstellung auftreten.

(2) Sie erhöhen die Werte des Anlagevermögens.

(3) Sie drücken den über das Jahr erwirtschafteten Gewinn in der Bilanz aus.

(4) Sie drücken die grundsätzliche Zahlungsfähigkeit des Unternehmens zum Zeitpunkt der Bilanzerstellung aus.

(5) Sie drücken aus, wie das Eigenkapital im Unternehmen auf das Vermögen und die Schulden aufgeteilt ist.

Aufgabe 126

Die Controllingabteilung der Martin KG bekommt den Auftrag, „Flüssige Mittel" und „Kurzfristige Verbindlichkeiten" ins Verhältnis zueinander zu setzen. Um welche Kennzahl handelt es sich?

(1) Umsatzrentabilität

(2) Unternehmensstabilität

(3) Eigenkapitalrentabilität

(4) Produktivität

(5) Liquidität I (1. Grades)

Aufgabe 127

Die Controllingabteilung der Martin KG hat folgende Kennzahlen berechnet: Fremdkapitalquote = 120 %, Umsatzrentabilität = 12 %, Eigenkapitalrentabilität = 0,2 %. Wo hat sich auf jeden Fall ein Fehler eingeschlichen?

(1) Bei der Fremdkapitalquote

(2) Bei der Umsatzrentabilität

(3) Bei der Eigenkapitalrentabilität

(4) Bei der Fremdkapitalquote und der Umsatzrentabilität

(5) Bei der Umsatzrentabilität und der Eigenkapitalquote

20 Buchhalterische Besonderheiten

20.1 Buchhalterische Besonderheiten beim Einkauf

Aufgabe 128

Wie werden Bezugskosten buchhalterisch erfasst?

Aufgabe 129

Auf welchen Konten werden folgende Positionen beim Einkauf gebucht?

a) Rücksendungen

b) Preisnachlässe

c) Boni

d) Lieferantenskonti

Aufgabe 130

Die Martin KG verfolgt den Plan, eine Rechnung unter Nutzung des Skontobetrags zu begleichen. Es ist ein Rechnungsbetrag in Höhe von 18.900,00 € angegeben. Skonto beträgt 2%. Berechnen Sie den Überweisungsbetrag für die Martin KG, wenn sie ihren Plan umsetzt.

20.2 Buchhalterische Besonderheiten beim Verkauf von Waren

Aufgabe 131

Wie werden Vertriebskosten wie Transportkosten oder Verpackungsmaterial gebucht?

Aufgabe 132

Über welche Konten werden folgende Positionen beim Einkauf gebucht?

a) Rücksendungen

b) Kundenskonti

21 Projektorientierte Arbeitsorganisation

Aufgabe 133

Was ist kein Merkmal eines Projekts?

(1) Zusammenarbeit von Spezialisten

(2) Das Projekt ist zeitlich begrenzt.

(3) einmaliges Vorhaben

(4) Durch genaue Planung und Organisation kommt es immer zur Planerfüllung.

(5) Risikominderung durch rechtzeitige Absprachen

Aufgabe 134

Ordnen Sie die Zielbeschreibungen der SMART-Formel dem jeweils passenden Begriff zu.

a) Spezifisch

b) Messbar

c) Akzeptiert

d) Realistisch

e) Terminiert

    (1) Das Ziel bzw. seine Ausprägung muss quantifizierbar (durch Messgrößen und Zahlen festgelegt) und somit kontrollierbar sein.

    (2) Das Ziel muss zeitlich bestimmt sein.

    (3) Das Ziel muss eindeutig, konkret und präzise definiert sein.

    (4) Das Ziel muss erreichbar sein.

    (5) Das Ziel soll anerkannt bzw. attraktiv sein.

Aufgabe 135

Was ist eine Phase eines Projekts?

(1) Meilenstein

(2) Kick-off-Sitzung

(3) Dokumentation

(4) Projektabschluss

(5) Netzplanung

Aufgabe 136

Welches ist die Phase in einem Projekt, in der die Projektarbeit inhaltlich und terminlich genau strukturiert wird?

(1) Projektstart

(2) Projektplanung

(3) Projektdurchführung

(4) Projektabschluss

(5) Nullphase

Aufgabe 137

Die Kick-off-Sitzung ist die erste gemeinsame Sitzung des Projektteams nach der Erteilung des Projektauftrages.

Was wird hier <u>nicht</u> besprochen bzw. festgelegt?

(1) Vereinbarung von Spielregeln

(2) Zusammenstellung des Projektteams

(3) Herstellen eines gleichen Informationsstandes

(4) Kennenlernen der Projektmitglieder

(5) Verteilung von Aufgaben

Aufgabe 138

Was kennzeichnet den Begriff „Meilenstein"?

(1) eine einfach zu erstellende Terminplanung von Arbeitspaketen

(2) wesentliches Zwischenziel in einem Projekt

(3) den Projektstart

(4) Präsentation des Projektergebnisses

(5) Projektidee

Aufgabe 139

Was versteht man unter der Nullphase?

(1) Es wird erkannt, dass ein Problem vorliegt, dieses Problem soll mithilfe eines Projektes gelöst werden.

(2) Die Nullphase ist der Punkt, an dem das Projekt beendet ist.

(3) Die Nullphase kennzeichnet den Zeitpunkt, an dem alle Projektmitglieder vor einem scheinbar unlösbaren Problem stehen und sprichwörtlich „null Plan" haben.

(4) Die Nullphase ist der Punkt, an dem das Projekt beginnt.

(5) Es wird erkannt, dass während des Projekts keine Probleme auftauchen dürften (null Problem).

Aufgabe 140

Die Martin KG möchte einen kontinuierlichen Verbesserungsprozess vornehmen. Was sollte hierbei beachtet werden?

(1) Kontinuierliche Verbesserungsprozesse können nicht regelmäßig extern kontrolliert werden.

(2) Jeder Mitarbeiter des Unternehmens sollte zu jedem Thema einen Vorschlag einreichen.

(3) Es sollte eine schnelle Vorgehensweise vermieden werden, um Leistungssprünge zu vermeiden.

(4) Es handelt sich um einen nie endenden Prozess, der durch ständige Verbesserungen aufrecht erhalten werden sollte.

Aufgabe 141

Was kennzeichnet der Pfeil in einem Netzplan?

(1) Der Pfeil zeigt die Beziehung zwischen Vorgänger und Nachfolger an.

(2) Der Pfeil markiert in der Darstellung die Stelle des kritischen Weges, wo die meisten Probleme auftauchen könnten.

(3) Der Pfeil gibt an, wann jeder einzelne Vorgang jeweils beginnen kann.

(4) Der Pfeil informiert, wann der Vorgang frühestens beendet sein kann.

(5) Der Pfeil informiert, welche Gruppe für diesen Arbeitsbereich zuständig ist.

Aufgabe 142

Wie berechnet sich der früheste Endzeitpunkt (FEZ) in einem Netzplan?

(1) SAZ – FAZ = FEZ

(2) FAZ + FEZ – SAZ = FEZ

(3) FAZ + Dauer des Vorgangs = FEZ

(4) Dauer des Vorgangs – SEZ = FEZ

(5) FAZ –SAZ + (Dauer des Vorgangs + SEZ) = FEZ

Aufgabe 143

In der Martin KG ist es in einer Projektgruppe üblich, sich im Anschluss an erledigte Tätigkeiten ein Feedback zu geben.

(1) Ein Feedback sollte nur negative Punkte umfassen, um diese in Zukunft zu vermeiden.

(2) Ein Feedback sollte nur positive Punkte umfassen, um niemanden emotional zu verletzen.

(3) Ein Feedback sollte stets zeitnah erfolgen und Kritik sollte sachlich geäußert werden.

(4) Ein Feedback sollte nur von der jeweiligen Gruppenleitung abgegeben werden.

C

PROZESSORIENTIERTE ORGANISATION VON GROSSHANDELSGESCHÄFTEN

1 Handelsspezifische Beschaffungslogistik

1.1 Die Auswahl von Transportmitteln

Aufgabe 144

Wählen Sie die zweckmäßige Transportart für die folgenden Fälle.

a) 525 Tonnen Kohle von Essen nach Mannheim

b) 400 Tonnen Eisenerz von Hamburg nach München

c) 25 Tonnen nicht gekühltes Obst von Israel nach Frankfurt

d) Fertighauselemente von Fallingbostel nach Schleswig

e) 30 000 Prospekte – in einer bayerischen Druckerei günstig hergestellt – von Augsburg nach Hildesheim

Aufgabe 145

Eine Hamburger Textilgroßhandlung hat folgende Transportfälle:

a) Es müssen 4 000 Sakkos an die Firma Magyartex in Budapest und 2 900 Hosen an die Larstadt Warenhaus AG verschickt werden.

b) Die Fairtext GmbH bestellt jetzt Jeans in Shanghai für die Saison in sechs Monaten.

c) Ein großes amerikanisches Warenhaus bestellt heute 300 Anzüge. Diese sollen spätestens in fünf Tagen in New York sein.

d) Die Larstadt Warenhaus AG hat kurzfristig eine so große Nachfrage nach Hemden zu verzeichnen, dass ein Ausverkauf droht. Sie ordert 10 000 Stück bei uns und erhofft sich eine Lieferung bis übermorgen. Mit dem Frachtführer eine Geld-zurück-Garantie bei verspäteter Abgabe abschließen.

Wählen Sie die zweckmäßige Transportart.

1.2 Der Werkverkehr

Aufgabe 146

Was ist für eine Tourenplanung erforderlich?

(1) Planungsraumdaten, Kundenstammdaten, Auftragsdaten, Fuhrparkstammdaten, Personalstammdaten

(2) Planungsraumdaten, Kundenstammdaten, Auftragsdaten, Fuhrparkstammdaten, Flexibilität

(3) Planungsraumdaten, Kundenstammdaten, Ersatzfahrzeuge, Fuhrparkstammdaten, Flexibilität

(4) Planungsraumdaten, Auftragsdaten, Fuhrparkstammdaten, Aus-
lieferungskosten

(5) Planungsdaten, Kundendaten, Auftragsstammdaten, Fuhrparkstammdaten, Personaldaten

Aufgabe 147

*Zählen Sie drei Gründe auf, warum im Logistikbereich der Martin KG
davon abgewichen werden kann, die kilometermäßig günstigste Tour
zu wählen.*

Aufgabe 148

*Geben Sie an, welches Dokument im Rahmen der firmeneigenen Zu-
stellung vom Auslieferungsfahrer ausgehändigt wird und welche Angaben dieses enthält.*

Aufgabe 149

*Die Martin KG entscheidet sich für die Durchführung von Eigentrans-
porten. Nennen Sie hierfür einen Vorteil.*

Aufgabe 150

*Erklären Sie, wie die Martin KG durch Veränderungen einer Lieferung
ökonomische, soziale und ökologische Ziele realisieren kann.*

2 Firmenfremde Zustellung mit Frachtführern

2.1 Verkehrsmittelarten

Aufgabe 151

Welches sind die vier Bestandteile des Eisenbahnfrachtbriefes?

(1) Frachtbriefdoppel, Versandblatt, Empfangsblatt, Ladeschein

(2) Versandblatt, Frachtbriefdoppel, Empfangsblatt, Frachtbrief

(3) Frachtbrief, Ladeschein, Frachtbriefdoppel, Lieferschein

(4) Lieferschein, Ladeschein, Frachtbrief, Empfangsblatt

(5) Empfangsblatt, Lieferschein, Frachtbriefdoppel, Empfangsquittung

Aufgabe 152

Wofür dient der Luftfrachtbrief nicht?

(1) als Beweis für den Empfang der Güter zur Beförderung

(2) als Versandliste, auf der die Begleitpapiere und ggf. besondere Anweisungen des Absenders eingetragen sind

(3) als Frachtrechnung

(4) als Ladeschein

Aufgabe 153

Stellen Sie Seefracht und Luftfracht gegenüber, indem Sie jeweils zwei Vorteile nennen.

Aufgabe 154

Ordnen Sie den untenstehenden Punkten die aufgeführten Transportpapiere 1–4 zu.

a) muss für den grenzüberschreitenden Güterverkehr ausgestellt werden

b) Versand- und Verfügungspapier in der Binnenschifffahrt

c) muss nach dem Montrealer Abkommen aus mindestens drei Ausfertigungen bestehen

d) beweist den Versand der Ware im Seefrachtverkehr

Transportpapiere:

1. Ladeschein, 2. Luftfrachtbrief, 3. internationaler Frachtbrief, 4. Konnossement

Aufgabe 155

Von wem wird die Binnenschifffahrt betrieben?

(1) Partikulieren, Reedereien, Werksbetrieben

(2) Spediteuren, Reedereien, Werksbetrieben

(3) Partikulieren, Reedereien, Spediteuren

(4) Frachtführern, Spediteuren, Partikulieren

(5) Partikulieren, Frachtführern, Werksbetrieben

Aufgabe 156

Erläutern Sie die folgenden Begriffe.

a) Werkverkehr

b) Frachtführer

c) Beförderungs- und Ablieferungspflicht

d) Befolgungspflicht

e) Haftpflicht

f) Frachtbriefausstellung

g) Vergütungsanspruch

h) Pfandrecht

Aufgabe 157

Ordnen Sie den folgenden Begriffe der Binnenschifffahrt die richtige Erklärung zu.

a) Partikuliere

b) Reedereien

c) Werksschifffahrt

d) Gesamtverfrachtung

e) Teilverfrachtung

f) Stückgutverfrachtung

(1) Das ganze Schiff wird vom Absender gechartert.

(2) Die Stückgutsendung wird dem Frachtführer vom Absender übergeben.

(3) Schifffahrtsunternehmen, die über eine eigene Flotte von Binnenschiffen verfügen. Im Gegensatz zum einzelnen Partikulier haben sie eine kaufmännisch eingerichtete und geführte Landorganisation zur Werbung und Abfertigung der Ladung.

(4) Verschiedene Großunternehmen der Industrie, aber auch des Handels verfügen über eigene Binnenschiffe. Mit diesen befördern sie in eigener Regie eigene Güter für eigene Zwecke des Unternehmens.

(5) Selbstständige Einzelschiffer, die in der Regel nur ein Schiff besitzen. Der Schiffseigner, der über keine Organisation zur Werbung und Abfertigung der Ladung verfügt, fährt selbst auf seinem Schiff und bewohnt es auch.

(6) Teile des Schiffs (z. B. bestimmte Laderäume) werden vom Absender gechartert.

Aufgabe 158

Erläutern Sie die folgenden Begriffe des Bahnverkehrs.

a) Stückgutverkehr
b) IC-Kuriergut
c) Wagenladungsverkehr
d) Einzelwagenverkehr
e) Ganzzugverkehr
f) Kombinierter Ladungsverkehr

Aufgabe 158

Erläutern Sie die Begriffe

a) KEP-Dienste
b) Tracking and Tracing

Aufgabe 160

Die Martin KG diskutiert über die Nutzung von Tracking-Geräten an Lieferfahrzeugen. Nennen Sie einen Vorteil für die Verwendung dieser Geräte.

2.2 Spediteure

Aufgabe 161

Was sind Spediteure?

(1) selbstständige Kaufleute, die gewerbsmäßig Güter befördern

(2) Personen, die Waren empfangen

(3) Absender einer Ware

(4) selbstständige Einzelschiffer

(5) selbstständige Kaufleute, die auf Rechnung des Versenders die Güterversendung durch Frachtführer besorgen

(6) Lkw-Fahrer

Aufgabe 162

Nennen Sie einen Grund, einen Spediteur statt einem Frachtführer zu beauftragen.

Aufgabe 163

Nennen Sie drei Kriterien, die bei der Auswahl eines geeigneten Spediteurs herangezogen werden sollten.

Aufgabe 164

Erläutern Sie folgende Begriffe.

a) Spediteure

b) Vergütung

c) Selbsteintrittsrecht

d) Gesetzliches Pfandrecht

e) Bahnspediteur

f) Binnenumschlagspediteur

g) Kraftwagenspediteur

h) Seehafenspediteur

i) Luftfrachtspediteur

j) Grenzspediteur

k) Sammelgutspediteur

3 Logistikkonzepte

Aufgabe 165

Was versteht man unter einer logistischen Kette (supply chain)?

(1) den Weg vom Endkunden bis zum Zulieferer

(2) den Weg vom Hersteller bis zum Endkunden

(3) den Weg vom Großhändler bis zum Einzelhändler

(4) den Weg vom Lieferer bis zum Großhändler

(5) den Weg vom Einzelhändler bis zur Endkundschaft

Aufgabe 166

Nennen Sie einen Vorteil und einen Nachteil eines Streckengeschäfts

Aufgabe 167

Was ist das Just-in-time-Prinzip?

Aufgabe 168

Erläutern Sie die Vorteile des Supply Chain Managements.

Aufgabe 169

Geben Sie die Bedeutung der GTIN an und erläutern deren Zusammensetzung.

4 Transportversicherungen

Aufgabe 170

Prüfen Sie für die folgenden Fälle, welche Versicherung die aufgetretenen Schäden ersetzt. Geben Sie an, zu welcher Versicherungsart die jeweilige Versicherung gehört.

a) Herr Sindig, Fahrer des betriebseigenen Lkw, verursacht einen Auffahrunfall. Sachschaden beim Unfallgegner: 25.000,00 €.

b) Der Kunde Weber GmbH & Co. KG muss Insolvenz anmelden. 87.000,00 € Forderungen fallen aus.

c) Ein geplatztes Wasserrohr führt zu einem großen Schaden im Bürogebäude.

Kontrollen im Wareneingang

d) Eine kurzzeitige Überspannung führt in einer EDV-Anlage zu einem Schmorschaden.

e) Während der Inventur werden größere Inventurdifferenzen festgestellt. Die Kriminalpolizei teilt wenig später mit, dass ein Mitarbeiter verhaftet wurde, als er einem Hehler Ware übergeben wollte.

f) Die Miteigentümerin einer Großhandlung verliert durch einen Unfall im Lager zwei Finger.

g) Übers Wochenende brachen unbekannte Täter in das Lager ein und entwendeten Waren im Wert von 679.000,00 €.

h) Das Lager in einem Filialbetrieb brannte. Es entstand ein sehr großer Sachschaden.

i) Durch den Brand in der Filiale entstand ein großer Gewinnausfall. Aus dem Tank einer benachbarten Großhandlung ist Öl auf das Freigelände der Grotex GmbH geflossen und hat den dort gelagerten Sand verunreinigt. Die Großhandlung weigert sich, den entstandenen Schaden zu ersetzen.

j) Ware, die an einen Kunden mit dem firmeneigenen Lkw ausgeliefert wird, ist auf dem Transport beschädigt worden.

Aufgabe 171

Welche Sachversicherungen sind notwendig, um eine Großhandlung abzusichern?

5 Kontrollen im Wareneingang

Aufgabe 172

Wann wird in der Warenannahme die Ware geprüft, wenn dies „unverzüglich" geschehen soll?

(1) sofort

(2) nächste Woche

(3) in den nächsten Stunden

(4) am nächsten Tag

(5) nächstmöglicher Zeitpunkt ohne schuldhafte Verzögerung

Geben Sie die richtige Reihenfolge der Tätigkeiten bei der Warenkontrolle gegenüber dem Frachtführer an.

(1) Kontrolle von Anschrift, äußerer Beschaffenheit und Richtigkeit des Transportmittels
(2) Abgleich der gelieferten Waren nach Menge und Art mit dem Lieferschein
(3) Dokumentation der Mängel auf Lieferscheinen
(4) Bestätigung der Mängel durch Anlieferer
(5) Empfangsbestätigung und Quittung

6 Lagerlogistik

6.1 Lageraufgaben und -arten

Aufgabe 174

Im Lager der Martin KG werden die Waren nach dem System der chaotischen Lagerhaltung eingelagert.

Welche Aussage trifft zu?

(1) Es wird keine EDV benötigt, um den Standort eines Artikels zu finden.
(2) Jede Ware hat immer ihren festen Platz.
(3) Lagergüter werden dort gelagert, wo gerade Platz ist.
(4) Es geht hier um die Optimierung der Zugriffswege, nicht um eine Optimierung des Flächenbedarfs.
(5) Es ist ein sehr übersichtliches System.

Aufgabe 175

Im Lager der Martin KG werden die Waren nach dem Fifo-Prinzip eingelagert.

Welche Aussage trifft zu?

(1) Ware, die zuletzt eingelagert wurde, wird als erstes wieder ausgegeben.

(2) Ware, die zuletzt eingelagert wurde, wird als letztes wieder ausgegeben.

(3) Ware, die zuerst eingelagert wurde, wird als letztes wieder ausgegeben.

(4) Das Fifo-Prinzip findet überwiegend Anwendung bei Schüttgütern.

(5) Das Fifo-Prinzip kann nicht bei Lebensmitteln angewendet werden.

Aufgabe 176

Wie nennt man im Großhandel die Lager, die in den Filialen eingerichtet sind?

(1) Vorratslager

(2) Umschlagslager

(3) Eigenlager

(4) Fremdlager

(5) zentrale Lager

(6) dezentrale Lager

Aufgabe 177

Welche Funktionen (Aufgaben) eines Lagers beschreiben die folgenden Aussagen?

a) Qualitative Veränderung der Ware

b) Zweckmäßige Behandlung der Lagergüter, um deren Gebrauchsfähigkeit zu erhalten.

c) Umpack-, Umfüll-, Misch- und Sortiervorgänge, um noch nicht verwendungsfähige Ware in einen verkaufsfähigen Zustand zu bringen.

d) Das Lager ermöglicht günstige Einkäufe.

e) Das Lager ermöglicht den zeitlichen Ausgleich zwischen Beschaffung und Absatz.

f) Artikel werden im Lager bereitgehalten, um die Nachfrage sofort und bedarfsgerecht versorgen zu können.

g) Das Lager ermöglicht Gewinne, wenn bei einer bestimmten Ware im Einkauf Preissteigerungen erwartet werden.

h) Die Qualität der Ware wird gegen Beeinträchtigungen durch klimatische Bedingungen gesichert.

i) Die Spanne zwischen Herstellung- und Verwendungsort eines Artikels wird durch ein Lager überbrückt.

Aufgabe 178

Welche Lagerart ist gemeint?

a) Das Unternehmen lagert seine Ware in eigenen Geschäftsräumen.

b) Das Unternehmen lagert Ware in den fremden Lagerräumen eines Lagerhalters.

c) Alle Waren werden an einem Ort gelagert.

d) Waren werden auf verschiedene Lager verteilt (zum Beispiel auf die Lager und Filialen).

e) Diese Lagerart stellt hohe Kapazitäten für die (langfristige) Aufnahme von Waren zur Verfügung. Es dient der Zeitüberbrückung zwischen Einkauf und Absatz.

f) Diese Lagerart nimmt kurzfristig Güter zwischen dem Umschlag von einem Transportmittel zu einem anderen auf.

g) Dieses Lager ist für witterungsunempfindliche Güter die preisgünstigste Möglichkeit der Lagerung.

h) Dieses Lagers ist in Gebäuden bis zu maximal 7 m Höhe untergebracht.

i) Ein übereinander angeordnetes Flachlager auf mehreren Stockwerken

j) Lager mit bis zu 12 m Höhe

k) Lager mit Höhen über 12 m (bis zu 45 m), die über ein hohen Automatisierungsgrad verfügen.

l) diese Lagerart dient der Aufnahme von Sicherheitsbeständen zur Aufrechterhaltung der Verkaufsbereitschaft.

6.2 Anforderungen an die Lagerhaltung

Aufgabe 179

Nennen und erläutern Sie Anforderungen an die Lagerhaltung.

Aufgabe 180

Wovor müssen die nachstehenden Warenarten geschützt werden?

a) Papier

b) Leder

c) Käse

d) Obst

e) Tabak

f) Filme

g) Holz

6.3 Der optimale Lagerbestand

Aufgabe 181

Vervollständigen Sie den folgenden Text um die Begriffe.

> bindet – Gewinn – Kostengründen – Kundenverluste – Lagerkosten – Lieferbereitschaft – Mengenrabatte – negative – niedrige – optimalen – totes

Das Hauptproblem im Rahmen der Lagerhaltung ist die Ermittlung des _____ Lagerbestands. Darunter versteht man den für das beschaffende Unternehmen günstigsten Lagervorrat. Dieser muss einerseits aus _____ so klein wie möglich gehalten werden. Andererseits muss er groß genug sein, um die _____ aufrechterhalten zu können. Optimal ist ein Lagerbestand dann, wenn die Nachteile eines zu großen sowie eines zu niedrigen Lagerbestands vermieden werden können.

Hohe Lagerbestände haben _____ Auswirkungen:

→ Ein hoher Lagerbestand _____ sehr viel Kapital. Dieses nennt man oft auch _____ Kapital.

⇢ Hohe Lagerbestände verursachen hohe _____.
⇢ Es gibt ein größeres Risiko durch verderben, Modewechsel, Saison Wechsel, Veralten und Diebstahl.

_____ Lagerbestände haben ebenfalls negative Auswirkungen:

⇢ _____ durch mangelnde Verkaufsbereitschaft und ein unvollständiges Sortiment. Damit wird letztlich auf _____ verzichtet.
⇢ Das Unternehmen kann auch keine _____ ausnutzen.

Aufgabe 182

Welche Kosten entstehen für die Lagerhaltung ?

6.4 Die Kontrolle des Lagerbestands

Aufgabe 183

Welchen Vorteil hat ein kleiner Lagerbestand für ein Unternehmen?

(1) eine niedrige Umschlagsgeschwindigkeit
(2) größerer Umsatz
(3) besserer Schutz vor Preissteigerungen
(4) geringere Kapitalbindung
(5) weniger Aufwand für Nachbestellungen

Aufgabe 184

Am Morgen des ersten Arbeitstages eines Monats liegen bei der Martin KG von einem Artikel noch 150 Stück auf Lager. Der Mindestbestand beträgt 46 Stück. Im Durchschnitt werden täglich 8 Stück abgesetzt.

Nach wie viel Arbeitstagen muss neue Ware bestellt werden, wenn die Lieferzeit 9 Tage beträgt?

(1) nach 2 Arbeitstagen
(2) nach 3 Arbeitstagen
(3) nach 4 Arbeitstagen
(4) nach 5 Arbeitstagen
(5) nach 6 Arbeitstagen

(6) nach 7 Arbeitstagen

(7) nach 8 Arbeitstagen

(8) nach 9 Arbeitstagen

Aufgabe 185

Was ist der Meldebestand (Bestellpunktverfahren)?

(1) Sicherheitsvorrat, der dauernd vorhanden sein muss, um unvorhersehbaren Störungen vorzubeugen.

(2) aktueller Warenvorrat

(3) Bestand, der die Zeitspanne zwischen Bestellung bis zur Lieferung der Ware überbrückt.

(4) Bestand, der maximal eingekauft/gelagert werden kann.

(5) Bestandsmenge, bis zu der verkauft werden kann.

Aufgabe 186

Welche der Aussagen sind falsch und welche richtig?

(1) Der Mindestbestand ist ein Reservebestand, der einen störungsfreien Ablauf der Betriebstätigkeit ermöglichen soll.

(2) Der Mindestbestand wird oft auch kupferner Bestand genannt.

(3) Beim Erreichen des Mindestbestands muss sofort nachbestellt werden.

(4) Der Mindestbestand darf nur dann angetastet werden, wenn die Verkaufsbereitschaft gefährdet ist.

(5) Der Mindestbestand darf angetastet werden, wenn der tatsächliche Absatz der Waren größer ist als der geplante Absatz.

(6) Durch die Festlegung eines Höchstbestand soll ein niedriger Lagervorrat vermieden werden.

(7) Der Höchstbestand ist abhängig von den Lagermöglichkeiten, die zur Verfügung stehen.

(8) Beim Erreichen des Meldebestands muss sofort nachbestellt werden.

(9) Der Bestellzeitpunkt ist der Tag, an dem der Mindestbestand erreicht wird.

(10) Die Formel für den Meldebestand berechnet sich wie folgt: Meldebestand = (täglicher Absatz · Lieferzeit) + Mindestbestand

Aufgabe 187

Der Tagesumsatz eines Artikels beträgt durchschnittlich 40 Stück, die Lieferzeit 10 Tage. Als eiserne Reserve dient ein Mindestbestand von 120 Stück.

Berechnen Sie den Meldebestand.

6.5 Lagerkennziffern

Aufgabe 188

Es gelingt der Martin KG bei einem bestimmten Artikel, die Lagerumschlagsgeschwindigkeit zu erhöhen.

Wie wirkt sich das aus?

(1) Der Lagerzinssatz für diesen Artikel steigt.

(2) Der Mindestbestand sinkt.

(3) Der Meldebestand sinkt.

(4) Die Kapitalbindung wird erhöht.

(5) Die durchschnittliche Lagerdauer wird kleiner.

Aufgabe 189

Die Umschlagshäufigkeit eines Artikels ist 6.

Wie viel Tage beträgt die durchschnittliche Lagerdauer?

(1) 30 Tage

(2) 40 Tage

(3) 50 Tage

(4) 60 Tage

(5) 70 Tage

(6) 80 Tage

(7) 90 Tage

Aufgabe 190

Welche Aussage über Lagerkennzahlen ist richtig?

(1) Je größer die Umschlagsgeschwindigkeit, desto geringer ist der Kapitalbedarf für das Lager.

(2) Je länger die Lagerdauer, desto geringer ist das Lagerrisiko.

(3) Je kürzer die Lagerdauer, desto größer ist das Lagerrisiko.

(4) Die Höhe des durchschnittlichen Lagerbestandes hängt aus- schließlich vom Umsatz ab.

(5) Die Lagerdauer ist für den Kaufmann gleichgültig, da ausschließ- lich der Umsatz zählt.

Aufgabe 191

Welche Kennzahl wird mit der Formel „Wareneinsatz / durchschnitt- licher Lagerbestand" berechnet?

(1) Mindestbestand

(2) Meldebestand

(3) Lagerzinssatz

(4) durchschnittliche Lagerdauer

(5) Umschlagsgeschwindigkeit

Aufgabe 192

Welche der folgenden Aussagen sind richtig und welche falsch?

(1) Der durchschnittliche Lagerbestand gibt für einen bestimmten Zeitabschnitt an, wie groß der Vorrat eines bestimmten Artikels im Durchschnitt ist.

(2) Bei Ermittlung des durchschnittlichen Lagerbestandes im Rah- men einer Jahresinventur lautet die Formel zur Berechnung:

(Anfangsbestand + Endbestand) / 2

(3) Bei der Ermittlung des durchschnittlichen Lagerbestandes im Rahmen von Monatsinventuren lautet die Formel zur Berech- nung:

(Anfangsbestand + 12 Monatsendbestände) / 12

(4) Der durchschnittliche Lagerbestand kann auch als Wertkennzif- fer berechnet werden, die aussagt, in welcher Höhe Kapital durch die Lagervorräte im Durchschnitt gebunden ist.

(5) Die Lagerumschlagshäufigkeit kann nur wertmäßig berechnet werden.

(6) Die Lagerumschlagshäufigkeit gibt an, wie oft der Lagerbe- stand eines Artikels innerhalb eines Jahres erneuert wird.

(7) Die mengenmäßige Lagerumschlagshäufigkeit berechnet sich folgt:

Jahresabsatz / durchschnittlicher Lagerbestand

(8) Die durchschnittliche Lagerdauer gibt an, wie lange ein Artikel durchschnittlich bevorratet wird.

(9) Die durchschnittliche Lagerdauer misst die Zeitspanne zwischen dem Wareneingang und der Ankunft des Artikels im Lager.

(10) Die durchschnittliche Lagerdauer berechnet sich wie folgt:

Lagerumschlagshäufigkeit / 360

(11) Es wurde eine Umschlagshäufigkeit von 8 ermittelt. Beträgt die durchschnittliche Lagerdauer 45 Tage?

(12) Die Lagerumschlagshäufigkeit einer Branche liegt bei 12. Ein Unternehmen hat eine Lagerumschlagshäufigkeit von 8. Ist dies für das Unternehmen ein positives Ergebnis?

Aufgabe 193

Im Rahmen der Jahresinventur werden für einen Artikel als Jahresanfangsbestand 900.000,00 € und als Endbestand 1.300.000,00 € ermittelt.

Wie hoch ist der durchschnittliche Lagerbestand in Euro?

Aufgabe 194

Bei monatlichen Inventuren werden für einen Artikel in der Stern Warenhaus GmbH folgende Bestände in Stück ermittelt:

Jahresanfangsbestand:	12
Januar:	10
Februar:	20
März:	14
April:	10
Mai:	12
Juni:	16
Juli:	12
August:	10
September:	18
Oktober:	16
November:	14
Dezember:	18

Berechnen Sie den durchschnittlichen Lagerbestand in Stück.

Aufgabe 195

Als Wareneinsatz zu Einstandspreisen wird für eine Warengruppe in einer Filiale der Stern Warenhaus GmbH ein Betrag von 490.000,00 € ermittelt. Der durchschnittliche Lagerbestand dieser Warengruppe beträgt 70.000,00 €.

Berechnen Sie die Lagerumschlagshäufigkeit.

6.6 Die Kommissionierung

Aufgabe 196

Was versteht man unter der Kommissionierung?

Aufgabe 197

Unterscheiden Sie serielles und paralleles Kommissionieren.

Aufgabe 198

Erläutern Sie die Kommissionierprinzipien „Mann zur Ware" und „Ware zum Mann".

6.7 Einlagerung bei Lagerhaltern

Aufgabe 199

Was ist ein Lagerhalter?

Aufgabe 200

Die aktuelle Lagerkapazität der Martin KG ist nicht ausreichend. Nennen Sie je zwei Vorteile für Fremdlagerung durch einen Lagerhalter sowie für die Optimierung der eigenen Lagerhaltung.

Aufgabe 201

Nennen und erklären Sie die Dokumente, auf denen der Lagerhalter die Einlagerung der Ware bescheinigt.

Bei Eigenlagerung fallen fixe Kosten in Höhe von 75.000,00 € an. Die variablen Lagerkosten betragen 25.000,00 € je t. Bei Fremdlagerung fallen 50.000,00 € pro t an.

Berechnen Sie die kritische Lagermenge.

6.8 Lagerverwaltung

Aufgabe 203
Welche Systeme der Lagerplatzzuordnung gibt es ?

Aufgabe 204
Unterscheiden Sie die Verbrauchsfolgeverfahren LIFO und FIFO.

Aufgabe 205
Führen Sie Tätigkeiten auf, die im Lager durchgeführt werden.

Aufgabe 206
Nennen Sie Beispiele für Warenpflege.

Aufgabe 207
Nennen Sie zwei Risiken bzw. Gefahren im Lager und beschreiben Sie eine konkrete Maßnahme dagegen.

7 Marketing

7.1 Allgemeines

Aufgabe 208
Was verstehen Sie unter dem Begriff „Marketing"?

(1) Es ist die Umsatzsteigerung durch Werbung.

(2) Es ist die maximale Aufnahmefähigkeit eines Marktes für ein Produkt in einer Periode.

(3) Es ist die Gesamtheit der absatzfördernden Maßnahmen.

(4) Es ist der Anteil eines Unternehmens am Marktvolumen.

(5) Es ist ein Verfahren der Marktforschung.

Aufgabe 209

Welches Merkmal kennzeichnet einen Käufermarkt?

(1) Dies ist ein Markt, auf dem die Nachfragen nach Gütern das Angebot übersteigen.

(2) Die Käufer entscheiden auf dieser Form des Marktes ausschließlich mithilfe von Trendscouts selbst, welches Produkt demnächst auf dem Markt erscheinen soll.

(3) Die Beschaffung von Gütern steht dort im Vordergrund.

(4) Das Angebot an Gütern übersteigt die Nachfrage.

(5) Es herrscht keine große Konkurrenz auf der Anbieterseite.

Aufgabe 210

Welches Ziel verfolgt die Marktsegmentierung?

(1) neue Produkte und Güter in das Warensortiment aufnehmen, um so das Angebot für die Kundschaft zu vergrößern.

(2) Kostensenkung durch Kürzung der Löhne und Gehälter

(3) ins Ausland expandieren, um größtmöglichen Gewinn zu erzielen.

(4) Aufteilung des Gesamtmarktes in einheitliche Käufergruppen, um so eine bestmögliche Marktbearbeitung zu gewährleisten.

(5) Verkäufermärkte langfristig in Käufermärkte umwandeln.

7.2 Marktforschung

Aufgabe 211

Welche Eigenschaft trifft auf eine Marktbeobachtung zu?

(1) zukunftsbezogen

(2) zeitraumbezogen

(3) zeitpunktbezogen

(4) absatzbezogen

(5) keine Alternative ist richtig

Aufgabe 212

In der Marktforschung unterscheidet man bei der Erschließung von Informationsquellen zwischen Primär- und Sekundärforschung.

Bei welcher Maßnahme handelt es sich nicht um eine Sekundärerhebung?

(1) Analyse von Geschäftsberichten der Wettbewerber

(2) Auswertung von Prospekten, Preislisten von Mitbewerbern

(3) Sichtung der Kundenstatistik

(4) Auswertung der Branchenkennzahlen des Großhandelsverbandes

(5) Durchführung von Verbraucherinterviews

Aufgabe 213
Die Martin KG überlegt, von der direkten Kundenbefragung durch den Außendienst zur Befragung durch ein Dienstleistungsunternehmen zu wechseln. Nennen Sie für beide Varianten jeweils zwei Vorteile.

7.3 Produktpolitik

Aufgabe 214
Was bezeichnet der Begriff „Produktlebenszyklus"?

(1) das relative Alter eines Produktes

(2) das durchschnittliche Alter der Konsumenten, die dieses Produkt kaufen

(3) die Familienstruktur der Käuferinnen und Käufer, d. h. unverheiratet, verheiratet, verheiratet ohne Kinder, verheiratet mit kleinen Kindern, verheiratet mit älteren Kindern, im Ruhestand, verwitwet

(4) die Feststellung, ob das Produkt in diesem Jahr einen guten Markt finden wird oder nicht

(5) die Absatz- bzw. Umsatzentwicklung eines Produktes über einen variablen Zeitablauf

Aufgabe 215
Was kennzeichnet die Wachstumsphase im Produktlebenszyklus?

(1) hohe Gewinne, die jedoch nur langsam anwachsen

(2) einen durch hohe Werbekosten relativ niedrigen Umsatz

(3) stark steigender Gewinn und Umsatz

(4) das Hauptziel, die Kosten möglichst gering zu halten

(5) die Absetzung kleinerer Stückzahlen

Aufgabe 216

Welche der folgenden Funktionen war die ursprüngliche einzige Aufgabe einer Verpackung?

(1) Informationsfunktion

(2) Rationalisierungsfunktion

(3) Umweltschutzfunktion

(4) Werbe- und Verkaufsförderungsfunktion

(5) Schutz der Ware

7.4 Sortimentspolitik

Aufgabe 217

Welche Definition über Diversifikation ist richtig?

(1) Bei der Diversifikation werden bestimmte Artikel und Sorten aus dem Sortiment gestrichen.

(2) Bei der Diversifikation werden zusätzliche Artikel und Sorten in das Sortiment aufgenommen.

(3) Diversifikation ist ein Verfahren, um die Sortimentsbreite zu verringern.

(4) Diversifikation ist die Aufnahme von Warengruppen, die mit den bisherigen keine oder nur geringe Verwandtschaft aufweisen.

(5) Diversifikation wird mit den Begriffen „Sortimentsbreite" und „Sortimentstiefe" beschrieben.

Aufgabe 218

Die Martin KG entschließt sich, Sportartikel künftig nicht mehr anzubieten. Wie nennt man diesen Prozess?

(1) Sortimentstiefe

(2) Diversifikation

(3) Sortimentserweiterung

(4) Sortimentsbreite

(5) Sortimentsbereinigung

Aufgabe 219

Die Martin KG nimmt Elektroartikel als neues Produkt in ihr Sortiment auf. Hierbei erfolgt eine Ausweitung des Warenangebotes auf ein Gebiet, auf dem die Martin KG bisher nicht tätig war.

Wie wird dieser Prozess genannt?

(1) Produktumgestaltung

(2) Sortimentsbereinigung

(3) Diversifikation

(4) Produktvariation

(5) Kernsortiment

Aufgabe 220

Die Martin KG erweitert ihr Kernsortiment um eine zusätzliche Warengruppe. Was kann hierfür ausschlaggebend sein?

(1) Die Martin KG führt eine Sortimentsbereinigung durch.

(2) Die Martin KG möchte damit die Produktgestaltung erweitern.

(3) Die Martin KG möchte damit die Lagerung der Waren vereinfachen.

(4) Die Martin KG möchte durch die Aufnahme neuer Warengruppen in das Kernsortiment die Stammkundschaft binden und neue Kundinnen und Kunden hinzugewinnen.

(5) Der Martin KG wurde nahegelegt, den Sortimentsumfang zu überdenken.

7.5 Preispolitik

Aufgabe 221

Was umfasst die Konditionspolitik?

(1) alle Entscheidungen, die sich mit der Festsetzung des Preises beschäftigen

(2) Lieferungs- und Zahlungsbedingungen, die zwischen Verkäufer und Käufer vereinbart wurden

(3) alle Entscheidungen, die sich mit den Lieferbedingungen beschäftigen

(4) Preisbedingungen, die zwischen Verkäufer und Käufer vereinbart wurden

(5) alle Entscheidungen, die sich mit den Lieferungs- und Zahlungsbedingungen beschäftigen

Aufgabe 222

Wer oder was ist ein Ausgleichnehmer?

(1) ein Artikel, bei dem sich die Käufer sehr preisbewusst verhalten

(2) ein Artikel, bei dem sich die Kunden weniger preisbewusst verhalten

(3) ein Kunde, der sich bei allen Artikeln preisbewusst verhält

(4) ein Kunde, der sich bei allen Artikeln weniger preisbewusst verhält

(5) ein Käufer, der sich bei allen Sonderangebot-Artikeln preisbewusst verhält

Aufgabe 223

Welche Aussage über die mengenmäßige Preisdifferenzierung ist richtig?

(1) bei Abnahme größerer Mengen einer Ware wird ein günstiger Preis gewährt

(2) bei Abnahme kleinerer Mengen einer Ware wird ein günstiger Preis gewährt

(3) die gleiche Ware oder Dienstleistung wird zu verschiedenen Zeiten zu unterschiedlichen Preisen angeboten

(4) Angebot gleicher Waren und Dienstleistungen zu unterschiedlichen Preisen

(5) bei Abnahme kleinerer Mengen einer Ware wird ein höherer Preis gewährt

Aufgabe 224

Worum handelt es sich bei einem Rabatt?

(1) Preisnachlass für vorzeitige Zahlung

(2) nachträglich gewährter Preisnachlass nur in Form von Waren

(3) Preisnachlass, wenn der Kunde einen Mindestumsatz erreicht oder überschritten hat

(4) Nachlass von einheitlich festgelegten Bruttopreisen

(5) Nachlass von einheitlich festgelegten Nettopreisen

7.6 Distributionspolitik

Aufgabe 225

Was haben Kommissionär, Handelsmakler und Handelsvertreter gemeinsam?

(1) Sie sind Angestellte.

(2) Sie handeln im eigenen Namen für fremde Rechnung.

(3) Sie handeln in fremden Namen für fremde Rechnung.

(4) Sie sind selbstständige Kaufleute.

(5) Sie erhalten eine Delkredereprovision.

Aufgabe 226

Wie nennt man die Vergütung, die ein Reisender neben der Provision erhält?

(1) Reisekosten

(2) Fixum

(3) Nettolohn

(4) Bruttogehalt

(5) Beteiligung am Umsatz

Aufgabe 227

Was ist unter einem Handelsvertreter zu verstehen?

(1) Er ist ein kaufmännischer Angestellter.

(2) Er ist ein spezieller Kommissionär.

(3) Er ist ein Gewerbetreibender.

(4) Er ist selbstständiger Kaufmann, der im eigenen Namen und für fremde Rechnung Geschäfte abschließt.

(5) Er ist Angestellter eines Unternehmens.

Aufgabe 228

Die Spindler KG steht vor der Entscheidung, ihre Waren mithilfe eines Handlungsreisenden bzw. Handelsvertreters abzusetzen. Der Handlungsreisende erhält ein Fixum von 36.000,00 € pro Jahr, zuzüglich 3 % Umsatzprovision. Der Handelsvertreter bekommt 12 % Umsatzprovision.

Bei welchem Jahresumsatz verursachen beide Absatzformen die gleichen Kosten in der Vergütung?

(1) 500.000,00 €

(2) 300.000,00 €

(3) 350.000,00 €

(4) 400.000,00 €

(5) 420.000,00 €

7.7 Kommunikationspolitik

Aufgabe 229

Zur Einführung eines Artikels werden die Beschäftigten der Martin KG geschult. Um welche Art der Kommunikationspolitik handelt es sich?

(1) Product-Placement

(2) Salespromotion

(3) Werbung

(4) Sponsoring

(5) Public Relations

Aufgabe 230

Was ist unter dem Begriff „Public Relations" zu verstehen?

(1) alle Maßnahmen des Großhändlers, die seine Absatzbemühungen unterstützen

(2) Veröffentlichungen über das Verhalten der Konkurrenz

(3) Beeinflussung des Umworbenen, ohne dass die Werbung bewusst wahrgenommen wird

(4) Öffentlichkeitsarbeit zur Hebung des Ansehens des eigenen Unternehmens

(5) irreführende Werbung

Aufgabe 231

Ordnen Sie den Begriffen die richtige Erklärung zu.

a) Public Relations

b) Absatzwerbung

c) Human Relations

d) Salespromotion

e) Persönlicher Verkauf

f) Direktwerbung

g) Product-Placement

h) Sponsoring

(1) Bewusste Integration von Waren und Dienstleistungen in Kinofilme oder Fernsehsendungen.

(2) Personen oder Institutionen werden unterstützt und gewähren dem Unternehmen dafür bestimmte absatzfördernde Gegenleistungen (z. B. Werbemöglichkeiten).

(3) Auch Öffentlichkeitsarbeit genannt: positive Darstellung des Unternehmens (nicht der Produkte).

(4) Käuferbeeinflussung, die sich an potenzielle und anonyme Kundschaft richtet. Sie findet in räumlicher Entfernung vom Verkaufsort statt: Die Kundschaft soll zur Ware gebracht werden.

(5) Pflege zwischenmenschlicher Beziehungen innerhalb eines Unternehmens zur Absatzförderung.

(6) Professionell durchgeführte persönliche Beratungsgespräche bei Artikeln mit hohem Erklärungsbedarf sind absatzfördernd.

(7) Auch Verkaufsförderung genannt: Den am Absatz Beteiligten wird – in der Regel in der Verkaufsstätte – (durch Aktionen) das Verkaufen erleichtert. Die Ware wird zur Kundschaft gebracht.

(8) Direkte individuelle Ansprache von (bekannten) Zielpersonen.

Aufgabe 232

Worauf muss die Martin KG achten, wenn sie eine „Corporate Identi-ty" einführen möchte?

(1) Das Assessment-Center zur Einstellung neuer Mitarbeiter wird an den marktüblichen Standards ausgerichtet.

(2) Es sollte auf eine einheitliche Farbgebung und Gestaltung aller durch das Unternehmen erstellten und veröffentlichten Dokumente geachtet werden.

(3) Es wird nur eine einzige Zielgruppe angesprochen.

(4) Die Mitarbeiter eines Unternehmens lassen sich durch ein wiedererkennbares gemeinsames Kommunikationsverhalten identifizieren.

7.8 Werbung

Aufgabe 233

Die Martin KG sucht geeignete Werbeträger.

Welche Begriffsgruppe benennt ausschließlich Werbeträger?

(1) Litfaßsäule, Hörfunk, Kino

(2) Plakat, Hauswand, Autos

(3) Internet-Anzeige, Kino, Telefonzellen

(4) Werbedurchsage, Fachzeitschrift, Plakat

(5) Zeitungsanzeige, Internet-Anzeige, Straßenbahn

Aufgabe 234

Ein Angestellter der Martin KG sieht einen Werbespot, in dem für „extrem sparsame ökologische Autos" geworben wird. Bei diesem Werbespot wird keine Firma (namentlich) genannt.

Um welche Art der Werbung handelt es sich?

(1) Massenwerbung

(2) Einzelwerbung

(3) Sammelwerbung

(4) Gemeinschaftswerbung

(5) Alleinwerbung

Aufgabe 235

Ordnen Sie jedem Begriff die richtige Fragestellung zu.

a) Streugebiet
b) Streukreis
c) Streuzeit

   (1) Welche Wirkung soll erzielt werden?
   (2) Wie viel Geld steht für die Werbung zur Verfügung?
   (3) Wer soll mit der Werbung angesprochen werden?
   (4) Wo soll geworben werden?
   (5) Womit soll geworben werden?
   (6) Wie können die Werbeziele umgesetzt werden, sodass sie von der Zielgruppe verstanden werden?
   (7) Wann soll mit der Werbekampagne begonnen werden und wie lange soll sie laufen?

Aufgabe 236

Wie erfolgt die Ermittlung des ökonomischen Werbeerfolgs?

(1) Gesamtumsatz / gesamte Werbekosten
(2) Gesamterträge / Werbekosten für die Werbeaktion
(3) Reingewinn / gesamte Werbekosten
(4) Wareneinsatz / Werbekosten für die Werbeaktion
(5) Umsatzsteigerung / Werbekosten für die Werbeaktion

7.9 Das Marketingkonzept

Aufgabe 237

Was versteht man unter dem Marketing-Mix.

Aufgabe 238

Zählen Sie die vier Instrumente des Marketing-Mix auf und beschreiben Sie jeweils eine zugehörige Maßnahme.

Erläutern Sie kurz, was ein Marketingkonzept ist.

7.10 Gesetz gegen den unlauteren Wettbewerb

Was ist das Ziel des Gesetzes gegen den unlauteren Wettbewerb (UWG)?

Erläutern Sie die Generalklausel des UWG?

Welche Aussagen macht das UWG noch?

8 Kundenkommunikation

8.1 Das Kundenbeziehungsmanagement

Welche Begriffe verbergen sich hinter den folgenden Erklärungen?

a) Hierunter versteht man produktbegleitende Dienstleistungen, die die Kundschaft nach Abschluss des Kaufvertrags in Anspruch nehmen kann.

b) Wird eingesetzt, um den positiven Ausbau der geschäftlichen Beziehungen zu Kundinnen und Kunden um eine anhaltende und stabile Partnerschaft zu gewährleisten.

c) Umfassen alle Maßnahmen, die der Gewährleistung oder Wiederherstellung der einwandfreien Funktion einer Ware dienen.

d) Umfassen Beratungs- und Zustellungsdienste sowie Gefälligkeiten aller Art, individuelles Entgegenkommen und Hilfsbereitschaft in vielfaltigen Ausprägungen.

e) Briefe, Postwurfsendungen, E-Mails und SMS sind wichtige Bestandteile welches Instruments?

f) Eine Karte, mit der die Kundschaft an ein Unternehmen gebunden werden sollen.

g) Hierdurch bemühen sich Unternehmen, ihren Kundinnen und Kunden das Bewusstsein zu vermitteln ganz besonders vorteilhaft behandelt zu werden. Dies ist eine durch ein, manchmal auch durch mehrere, Unternehmen organisierte Vereinigung von tatsächlichen oder potenziellen Kundinnen und Kunden.

h) Umfang, Form und Erscheinungsweise dieses Marketinginstruments unterscheiden sich stark. Die Spanne reicht von acht Seiten im Tageszeitungsformat bis zu über 80 Seiten als vierfarbiges Hochglanzmagazin.

i) Dies ist ein gutes Kundenbindungsinstrument und stellt einen Gutschein bzw. eine Bezugsberechtigung dar.

Aufgabe 244

Unterscheiden Sie warenbezogene von nicht warenbezogenen Dienstleistungen.

8.2   Einbeziehung der Kundenstruktur ins Marketing

Aufgabe 245

Welches Ziel verfolgt die Marktsegmentierung?

(1) neue Produkte und Güter in das Warensortiment aufnehmen, um so das Angebot für die Kundschaft zu vergrößern.

(2) Kostensenkung durch Kürzung der Löhne und Gehälter

(3) ins Ausland expandieren, um größtmöglichen Gewinn zu erzielen.

(4) Aufteilung des Gesamtmarktes in einheitliche Käufergruppen, um so eine bestmögliche Marktbearbeitung zu gewährleisten.

(5) Verkäufermärkte langfristig in Käufermärkte umzuwandeln.

Aufgabe 246

Was versteht man unter Kundenselektion?

8.3 Der Onlineauftritt eines Großhandelsunternehmens

Aufgabe 247

Vervollständigen Sie den folgenden Text um die Begriffe.

Benutzerfreundlichkeit – Besucher/-innen – Käufer/-in – Kaufabwicklung – Kaufprozess – komfortable Bedienung – Konversionsrate – Usability

Ein Webshop wird von vielen Besucherinnen und Besuchern im Internet aufgesucht. Die meisten verlassen den Shop aber mehr oder weniger schnell, ohne dort tatsächlich etwas zu bestellen. Sie brechen den möglichen _____ oft während des Anschauens des Sortiments oder während der späteren _____ ab. Um die Kaufabbrüche besser überwachen und schließlich mit verschiedenen Maßnahmen verringern zu können, sollte ein Unternehmen die _____ berechnen. Diese gibt an, wie viele Besucherinnen und Besucher einer Internetseite zu Käuferinnen und Käufern werden. Berechnet wird sie (in der einfachsten Form) folgendermaßen:

Konversionsrate = _____ / _____ · 100

Eine entscheidende Rolle beim Erfolg eines Webshops kommt der _____ zu. Darunter versteht man die _____ einer Internetseite. Oft wird im Zusammenhang davon auch von „Gebrauchstauglichkeit" gesprochen. Dazu gehören sämtliche Maßnahmen und Eigenschaften von Webseiten, die den Besuchern auch ohne größere Erfahrungen oder ohne das Studium umfassender Anleitungen eine _____ ermöglichen.

Aufgabe 248

Ein Unternehmen hat 200 000 Besucherinnen und Besucher im Webshop. Es kommt zu 4 000 Verkaufsabschlüssen. Berechnen Sie die Konversionsrate.

8.4   Onlinemarketing

Aufgabe 249

Ordnen Sie jedem Begriff die passende Erläuterung zu.

a) Webshop
b) Verkaufsplattform (B2B-Marktplatz)
c) Online-Branchenbücher
d) Auktionsplattformen
e) Subshops
f) SEA
g) E-Mail-Marketing
h) Virales Marketing
i) SEO
j) Affiliate Marketing

(1) Social-Media-Marketing
(2) Einsatz von sozialen Netzwerken im Internet zu Umsatz- und Absatzsteigerungen
(3) Der Betreiber einer Internetseite empfiehlt die Internetseite eines anderen Anbieters.
(4) Grundlage jeder Verkaufsaktivität im Internet: Hier soll die Kundschaft Kaufverträge direkt beim Unternehmen abschließen.
(5) Vom Betreiber werden unter einer Internetadresse verschiedene Angebote (zum Beispiel von verschiedenen Anbietern) zusammengefasst.
(6) Verzeichnisse oder Kataloge, in die sich ein Unternehmen eintragen kann
(7) Hier finden Versteigerungen statt.
(8) Im Frontend treten gegenüber den Kundinnen und Kunden unterschiedliche Shops auf. Diese haben aber alle ein gemeinsames Backend (Administrationsoberfläche).
(9) Suchmaschinenwerbung
(10) Kundinnen und Kunden werden durch Newsletter über neue Angebote informiert.

(11) gezieltes Auslösen und Kontrollieren von Mundpropaganda im Internet

(12) Suchmaschinenoptimierung

9 Verkaufsplanung

9.1 Die Preisgestaltung

Aufgabe 250

Unterscheiden Sie nettopreisbezogene und bruttopreisbezogene Preisstellungssysteme.

Aufgabe 251

Unterscheiden Sie die verschiedenen Formen der Preisdifferenzierung.

9.2 Die Kalkulation von Verkaufspreisen

Aufgabe 252

Ein Abteilungsleiter gibt einer Auszubildenden ein Arbeitsauftrag: „Ich habe hier ein Angebot der Firma Francesco Benigni vorliegen ... Eine sehr interessante Sache. Sie bietet uns einen italienischen Designeranzug für einen Bezugspreis von 300,00 € das Stück an. Wir haben uns entschieden, eine größere Menge zu bestellen. Es muss jetzt nur noch der Verkaufspreis ermittelt werden. Das könnten Sie übernehmen. Wir haben in dieser Warengruppe einen Handlungskostenzuschlag von 50 % errechnet. Und dann gibt es noch einen Gewinnzuschlag von 20 %. Berücksichtigt werden muss noch die Möglichkeit eines 25-prozentigen Kundenrabatts und eines 2-prozentigen Kundenskontos."

Berechnen Sie den Listenverkaufspreis netto.

Aufgabe 253

In einer Warengruppe wird mit einem Handlungskostenzuschlag von 30 % und einem Gewinnzuschlag von 20 % gerechnet. Einkalkuliert werden müssen 20 % Kundenrabatt und 2 % Kundenskonto.

a) *Berechnen Sie den Kalkulationszuschlag.*

b) *Berechnen Sie mithilfe des Kalkulationszuschlags den Listenverkaufspreis netto für einen Artikel, der den Bezugspreis von 20,00 € hat.*

Aufgabe 254

Die Martin KG verkauft das Produkt „KJ1023" für 300,00 € pro Stück. Der Bezugspreis je Stück liegt bei 240,00 €. Die Handlungskosten des Produkte betragen insgesamt 18.000,00 €. Berechnen Sie den Break-Even-Point (Gewinnschwelle in Stück).

Aufgabe 255

Der Nettoverkaufspreis des Pullovers „Blue-Front-Logo X23" liegt bei 25,00 € pro Stück. Der Kunde TexCool GmbH erhält von der Martin KG einen Rabatt von 10 %. Der Bezugspreis für einen Pullover liegt bei 10,50 €/St. Zusätzlich fallen 3,00 €/St. variable Handlungskosten an.

Berechnen Sie den Deckungsbeitrag eines Pullovers unter der Annahme, dass der Kunde den Rabatt in Anspruch nimmt.

Aufgabe 256

Der Bezugspreis für das Produkt „PG127" beträgt 500,00 € pro Stück. Der Handlungskostenzuschlagssatz beträgt 10 %, wovon wiederum 5 % variabel sind.

Berechnen Sie die langfristige und die kurzfristige Preisuntergrenze.

10 Kaufvertragsrecht

10.1 Der Abschluss von Verträgen

Aufgabe 257

Was sind Rechtsgeschäfte?

Aufgabe 258

Unterscheiden Sie einseitige von mehrseitigen Rechtsgeschäften.

Aufgabe 259

Was versteht man unter Vertragsfreiheit?

10.2 Anfechtung und Nichtigkeit von Verträgen

Die Rechtsgültigkeit von Rechtsgeschäften kann eingeschränkt werden bei Vorliegen von Gründen für die Anfechtung oder Nichtigkeit.

a) Welche Auswirkung hat die Nichtigkeit einer Willenserklärung für die Gültigkeit eines Rechtsgeschäfts?

b) Nennen Sie Gründe für die Nichtigkeit von Willenserklärungen.

c) Welche Auswirkungen hat die Anfechtbarkeit einer Willenserklärung für die Gültigkeit eines Rechtsgeschäfts?

d) Nennen Sie Gründe für die Anfechtung von Willenserklärungen.

Beurteilen Sie die Rechtsgültigkeit der folgenden Fälle.

a) Eine Ware, die 198,00 € kostet, wird irrtümlich mit 189,00 € angeboten.

b) Ein Kunsthändler verkauft die Kopie eines Bildes als Original.

c) Der sechzehnjährige Louis kommt stolz mit einem Motorrad nach Hause. Er hat es für 1.250,00 € gekauft. Den Kaufpreis will er in zehn Raten abbezahlen. Sein Vater ist nicht einverstanden und verlangt, dass er das Motorrad zurückbringt.

d) Ein Druckereibesitzer schließt den Kauf über ein Grundstück mündlich ab.

e) Ein Großhändler verrechnet sich bei der Ermittlung des Verkaufspreises für eine Ware. Irrtümlich berechnet er 28,50 € anstatt 32,60 €.

f) Der Kaufpreis eines Hauses war doppelt so hoch wie der durch ein späteres Gutachten ermittelte Wert.

10.3 Rechtsfähigkeit und Geschäftsfähigkeit

§ 1 BGB regelt die Rechtsfähigkeit.

Welche der folgenden Aussagen ist richtig?

(1) Wer rechtsfähig ist, ist auch volljährig.

(2) Wer rechtsfähig ist, ist auch geschäftsfähig.

(3) Jeder Mensch kann ohne Einschränkungen Verträge abschließen.

(4) Jeder Mensch ist Träger von Rechten und Pflichten.

(5) Nur Rechtsanwälte und Notare sind rechtsfähig.

Aufgabe 263

Welche der folgenden Aussagen ist richtig?
Die Rechtsfähigkeit des Menschen beginnt mit ...

(1) Vollendung der Geburt.

(2) 7 Jahren.

(3) 18 Jahren.

(4) 16 Jahren.

(5) 6 Jahren.

Aufgabe 264

Welche der folgenden Aussagen ist richtig?
Die Rechtsfähigkeit natürlicher Personen endet mit ...

(1) der Aberkennung der bürgerlichen Ehrenrechte.

(2) der Entmündigung aufgrund von Geisteskrankheit.

(3) der Anordnung einer Pflegschaft aufgrund sehr hohen Alters.

(4) dem Tod.

(5) Betreten eines Gerichts.

Aufgabe 265

Welche der folgenden Definitionen zur „Geschäftsfähigkeit" ist richtig?

(1) Fähigkeit einer Person, Träger von Rechten und Pflichten zu sein

(2) Fähigkeit einer Person, Rechtsgeschäfte rechtswirksam abzuschließen

(3) Fähigkeit einer Person, rechtsgültige Kreditgeschäfte abzuschließen

(4) Fähigkeit einer Person, gewerbsmäßig die Lagerung von fremden Gütern zu übernehmen

(5) Fähigkeit einer Person, die Versendung von Gütern durch Frachtführer zu besorgen

10.4 Erfüllungsort und Gerichtsstand

Aufgabe 266
Was ist ein Erfüllungsort?

Aufgabe 267
Erläutern Sie die gesetzliche Regelung für den Erfüllungsort.

Aufgabe 268
Was ist ein vertraglicher Erfüllungsort?

Aufgabe 269
Erklären Sie die Vereinbarung „unfrei" bezüglich der Kosten des Haupttransportes.

Aufgabe 270
Führen Sie kurz die Bedeutung des Begriffs „Gerichtsstand" aus.

Aufgabe 271
Die Center Großhandels-GmbH Köln hat wiederholt von einem Industriebetrieb in Hamburg Lederwaren mit großer Verzögerung erhalten. Diesmal ist sie so verärgert, dass sie eine Klage auf Schadenersatz in Höhe von 1.200,00 € erwägt. Zu Erfüllungsort und Gerichtsstand wurden keine Vereinbarungen getroffen.

Welche Antwort ist richtig?

(1) Zuständig wäre auf jeden Fall ein Gericht in Köln, weil der Center Großhandels-GmbH der Weg bis zum Hamburger Gericht nicht zumutbar wäre, zumal allein der Industriebetrieb Lieferverzögerungen verschuldet hat.

(2) Zuständig wäre ein Gericht in Hamburg, weil der Erfüllungsort für Ware dort liegt und der Gerichtsstand sich im Zweifel nach dem Erfüllungsort richtet.

(3) Bei der Höhe des Streitwerts wäre das Landgericht am Gerichtsstand zuständig.

10.5 Der Lieferungsverzug

Aufgabe 272

Was ist ein Lieferungsverzug (Nicht-rechtzeitig-Lieferung)?

Aufgabe 273

Führen Sie Voraussetzungen für eine Nicht-rechtzeitig-Lieferung auf.

Aufgabe 274

Welche Rechte haben Käufer/-innen beim Lieferungsverzug?

10.6 Die Schlechtleistung

Aufgabe 275

Welche Mangelart liegt vor?

a) Eigenschaften der Ware sind nach öffentlichen Äußerungen des Verkäufers nicht vorhanden.

b) Bei diesem Mangel wird eine andere Ware als bestellt geliefert.

c) Bei diesem Mangel verheimlicht die Verkäuferin/der Verkäufer der Käuferin bzw. dem Käufer einen versteckten Mangel absichtlich.

d) Beim Übergang der Ware ist für die Käuferin bzw. den Käufer deutlich erkennbar, dass die Ware einen Mangel hat.

e) Die Ware ist zwar einwandfrei, erfüllt jedoch nicht vertraglich zugesicherte Eigenschaften.

f) Dieser Mangel liegt vor, wenn die Ware fehlerhaft ist. Die Ware ist ganz oder teilweise beschädigt. Sie entspricht also nicht der vertraglich vereinbarten Beschaffenheit.

g) Es fehlt eine Montageanleitung oder diese hat Fehler, sodass es zu einer falschen Montage durch die Käuferin/den Käufer kommt.

h) Dieser Mangel liegt vor, wenn Dritte im Hinblick auf die Ware Rechtsansprüche stellen können, ohne dass dies beim Kauf vereinbart wurde.

i) Wird etwas unsachgemäß durch den Verkäufer montiert, liegt dieser Mangel vor.

j) Hier liegt eine nicht vollständige Warenlieferung vor.

k) Diese Mangelart liegt vor, wenn trotz einer gewissenhaften Überprüfung der Ware der Mangel zunächst nicht erkennbar ist.

Aufgabe 276

Wie sind die Rügefristen bei einem „zweiseitigen Handelskauf", wenn ein offener Mangel vorliegt?

(1) beim nächsten Einkauf

(2) beim nächsten Vertreterbesuch

(3) nach einer Woche

(4) unverzüglich

(5) keine Rügefrist, da es sich um einen „zweiseitigen Handelskauf" handelt

Aufgabe 277

Was versteht man unter einem „einseitigen Handelskauf"?

(1) Haftung erfolgt nach vorheriger Absprache nur von Verkäufer/-in oder Käufer/-in (einseitig)

(2) Verkäufer/-in und Käufer/-in sind Privatleute.

(3) Verkäufer/-in und Käufer/-in sind Unternehmer/-innen (Kaufleute nach HGB).

(4) Der Verkäufer oder die Verkäuferin ist Unternehmer/-in, der Käufer bzw. die Käuferin ist eine Privatperson.

(5) Die Gefahr über Verlust, Beschädigung usw. der Ware tragen nur Verkäufer/-innen, Käufer/-innen sind davon befreit.

Aufgabe 278

Was muss bei einem „einseitigen Handelskauf" bei einem Verbrauchsgüterverkauf beachtet werden?

(1) Rügefrist beträgt 2 Jahre, nach 6 Monaten erfolgt eine Beweislastumkehr

(2) keine Rügefrist

(3) Rügefrist beträgt 3 Jahre, nach 6 Monaten erfolgt eine Beweislastumkehr

(4) Rügefrist beträgt 2 Jahre, keine Beweislastumkehr

(5) keine Ansprüche bei Schlechtleistung

Aufgabe 279

Welche zwei vorrangigen Rechte haben Käufer/-innen bei einer mangelhaften Lieferung?

(1) Nachbesserung

(2) Rücktritt vom Vertrag

(3) Minderung des Kaufpreises

(4) Schadensersatz neben Leistung

(5) Neulieferung

Aufgabe 280

Bei einer Weinlieferung wird in einer Lebensmittelgroßhandlung festgestellt, dass einige Kartons an der Unterseite durchnässt sind.

Wie bezeichnet man diesen Mangel?

(1) versteckter (verdeckter) Mangel

(2) offener Mangel

(3) arglistig verschwiegener Mangel

(4) kein Mangel, da dies auf dem Transport passieren kann

(5) Rechtsmangel

Aufgabe 281

Geben Sie an, welche dieser Rechte zu den nachrangigen Rechten bei der mangelhaften Lieferung gehören (mehrere Antworten möglich).

(1) Nachbesserung

(2) Preisnachlass

(3) Rücktritt vom Vertrag

(4) Schadensersatz statt Leistung

(5) Schadensersatz für den Frachtführer

(6) Neulieferung

Aufgabe 282

Unterscheiden Sie (analoge) Waren, digitale Produkte und Waren mit digitalen Elementen.

Aufgabe 283

Führen Sie die Reklamationsfristen bei Schlechtleistung auf.

Aufgabe 284
Erläutern Sie, wann eine Kaufsache als mangelfrei gilt.

Aufgabe 285
Wann entspricht eine Kaufsache den objektiven Anforderungen?

Aufgabe 286
Erläutern Sie die Mängel bei digitalen Produkten.

Aufgabe 287
Erläutern Sie die negative Beschaffenheitsvereinbarung.

Aufgabe 288
Nennen Sie zwei Gründe, warum die Martin KG auf eine Qualitäts-zertifizierung achtet.

10.7 Die Bearbeitung von Reklamationen und Retouren

Aufgabe 289
Erklären Sie die folgenden Begriffe.

a) Lieferschein

b) Retourenschein

c) Kommissionierung

d) Refurbishing

e) Umtausch

f) Garantie

g) Gewährleistung

h) Retourenquote

i) Stornoquote

Aufgabe 290
Was ist bei Kundenreklamationen zu beachten?

10.8 Der Annahmeverzug

Aufgabe 291
Was ist ein Annahmeverzug?

Aufgabe 292
Führen Sie Voraussetzungen für den Annahmeverzug auf.

Aufgabe 293
Welche Rechte haben Handeltreibende bei einem Annahmeverzug?

10.9 Die Allgemeinen Geschäftsbedingungen

Aufgabe 294
Was sind AGB (Allgemeine Geschäftsbedingungen)?

Aufgabe 295
Wozu dienen AGB?

Aufgabe 296
Führen Sie kurz Bestimmungen des AGB-Gesetzes auf.

10.10 Kaufvertragsarten

Aufgabe 297
Erläutern Sie die folgenden Kaufvertragsarten.
a) Kauf auf Probe
b) Kauf nach Probe
c) Kauf zur Probe
d) Gattungskauf
e) Stückkauf

f) Terminkauf

g) Fixkauf

h) Kauf auf Abruf

i) Kauf gegen Anzahlung

j) Bestimmungskauf

k) Zielkauf

Aufgabe 298

Ordnen Sie den Fällen die Kaufvertragsart zu.

a) Ein 20-jähriger Azubi kauft einen Gebrauchtwagen beim Händler.

b) Eine Unternehmerin kauft für ihre Tochter eine Filmkamera in einem Fachgeschäft.

c) Ben Morero benötigt einen A3-Drucker. Sein Onkel veräußert ihm seinen kürzlich erworbenen Drucker.

d) Ein Einzelhandelskaufmann schließt mit seinem Freund einen Kaufvertrag über zwei Handbälle ab.

e) Eine Großhandlung verkauft Spanplatten an eine Tischlerei.

(1) bürgerlicher Kauf

(2) einseitiger Handelskauf

(3) zweiseitiger Handelskauf

Aufgabe 299

Die Jansen KG kauft bei einem Industrieunternehmen zunächst lediglich eine geringe Menge, um sie zu testen.

Um welche Kaufvertragsart handelt es sich?

(1) Kauf auf Probe

(2) Kauf nach Probe

(3) Kauf zur Probe

(4) Gattungskauf

(5) Stückkauf

11 Außenhandel

Ordnen Sie den folgenden Begriffen die Bedeutung richtig zu.

a) Handelsrechnung (Handelsfaktura)
b) Ursprungszeugnis
c) Warenverkehrsbescheinigung
d) Konnossement (Bill of Landing)
e) Ladeschein
f) Internationaler Eisenbahnfrachtbrief (CIM)
g) Internationaler Frachtbrief im Straßengüterverkehr (CMR)

(1) Dieses Dokument muss vom Versender in fünffacher Ausfertigung ausgestellt werden.

(2) Dieses Dokument des gewerblichen Güterkraftverkehrs muss vom Absender ausgefüllt werden. Wie beim Eisenbahnfrachtbrief hat auch hier der Absender ein nachträgliches Verfügungsrecht, wenn er sein Exemplar des Frachtbriefs vorlegt.

(3) Dieses Dokument dient nicht nur der Rechnungsstellung, sondern auch als Unterlage für die zollamtliche Behandlung im Einfuhrland.

(4) Dieses Schriftstück bezeichnet die Herkunft der Ware.

(5) Dieses Dokument ist eine Erklärung, dass die Ware in einem EU-Land hergestellt wurde oder in der EU zollamtlich zum freien Verkehr freigegeben ist. Die Erklärung ist auf dem Formular EUR.1 abzugeben. Das Dokument wird im Verkehr mit Ländern verwendet, die ein Präferenz-, Freihandels- oder ein besonderes Handelsabkommen mit der EU geschlossen haben.

(6) Grundlage für die Ausstellung dieses Dokuments ist ein Seefrachtvertrag. Der Seefrachtvertrag wird zwischen dem Befrachter (shipper) und dem Verfrachter (carrier) zugunsten eines Empfängers abgeschlossen.

(7) Dieses Dokument ist das Konnossement des Binnenschifffahrtsverkehrs. Er wird vom Frachtführer ausgestellt. Er verschafft wie das Konnossement bei Seeverkehr dem rechtmäßigen Eigentümer das Eigentum am Verladegut.

Aufgabe 301

Erläutern Sie kurz die folgenden Zahlungsbedingungen im Außenhandel.

a) offenes Zahlungsziel

b) Dokumente gegen Akzept (d/a)

c) Dokumente gegen Kasse (d/p)

d) Dokumentenakkreditiv

e) Vorauszahlung

Aufgabe 302

Was versteht man jeweils unter den folgenden Risiken im Außenhandel?

a) Marktrisiko

b) Transportrisiko

c) Annahmerisiko

d) Transferrisiko

e) Preisrisiko

f) Wechselkursrisiko

g) Kreditrisiko

h) Konvertierungsrisiko

i) Moratoriumsrisiko

j) Politisches Risiko im engeren Sinne

k) Zahlungsverbotsrisiko

Aufgabe 303

Die Herschel KG exportiert Waren ins Ausland.

Entscheiden Sie, welche der angegebenen Risiken auftreten können.
(2 richtige Antworten)

(1) Transportrisiko

(2) Leasingrisiko

(3) Urlaubsrisiko

(4) Annahmerisiko

(5) Trendrisiko

Aufgabe 304

Welches Merkmal trifft nicht auf das Dokumentenakkreditiv zu?

(1) Es ermöglicht ein „Zug-um-Zug-Geschäft".

(2) Das abstrakte Schuldversprechen einer oder zweier Banken sichert den Exporteur ab.

(3) Es garantiert die Sicherstellung einer mangelfreien Lieferung.

(4) Das Akkreditiv ist immer unwiderruflich.

Aufgabe 305

Welche der genannten Zahlungsbedingungen dient als Risikominderung im Außenhandel?

(1) Zahlung in der eigenen Währung

(2) Scheck

(3) Barzahlung

(4) Zahlung aus einem Dokumentenakkreditiv

Aufgabe 306

Was ist ein Transferverbot?

(1) Die Einfuhr von Waren im Einfuhrland ist nicht erlaubt.

(2) Die Überweisung des ausländischen Käufers an den Exporteur wird hinausgezögert oder nicht genehmigt.

(3) Die Einfuhr bestimmter Waren, die auf der sogenannten Transferverbotsliste stehen, ist verboten.

(4) Die Lieferung der Ware an den Importeur wird verzögert.

Aufgabe 307

Was beinhaltet die E-Klausel?

(1) Der Verkäufer organisiert und bezahlt den Haupt- und Nachlauf.

(2) Der Verkäufer organisiert den gesamten Transport. Er übernimmt die gesamten Kosten und Gefahren.

(3) Der Käufer organisiert und bezahlt den Haupt- und Nachlauf.

(4) Der Käufer übernimmt die Kosten ab der Einfuhr ins Importland.

(5) Der Käufer organisiert den gesamten Transport. Er übernimmt die gesamten Kosten und Gefahren.

Aufgabe 308

Was beinhaltet die C-Klausel?

(1) Der Verkäufer organisiert und bezahlt den Haupt- und Nachlauf.

(2) Der Käufer organisiert den gesamten Transport. Er übernimmt die gesamten Kosten.

(3) Der Käufer organisiert und bezahlt den Haupt- und Nachlauf.

(4) Der Verkäufer trägt die Haupttransportkosten. Das Transportrisiko trägt er jedoch nur bis zur Übergabe an den Frachtführer.

(5) Der Käufer übernimmt die Kosten ab der Einfuhr ins Importland.

Aufgabe 309

Ein Importeur in Hannover bestellt bei einem amerikanischen Lieferanten in Washington auf Lieferbasis FOB New York.

Wie sichert er sein Transportrisiko ab?

(1) Transportversicherung von Washington bis Hannover

(2) Transportversicherung von New York bis Hannover

(3) Transportversicherung von Washington bis Hamburg

(4) Transportversicherung von New York bis Hamburg

(5) Transportversicherung von Washington bis New York

Aufgabe 310

Bei welcher Lieferbedingung geht das Transportrisiko auf den Käufer über, sobald sich die Ware an Bord des Seeschiffes befindet, obwohl der Verkäufer die Seefracht trägt?

(1) CFR

(2) FCA

(3) DDP

(4) EXW

(5) FAS

Aufgabe 311

Welche Klausel laut Incoterms® ist für den Verkäufer am günstigsten?

(1) CFR

(2) DDU

(3) FOB

(4) FCA

(5) EXW

„Incoterms®" ist eine eingetragene Marke der Internationalen Handelskammer (ICC). Incoterms®2020 ist einschließlich aller seiner Teile urheberrechtlich geschützt. Die ICC ist Inhaberin der Urheberrechte an den Incoterms®2020. Bei den vorliegenden Ausführungen handelt es sich um inhaltliche Interpretationen zu den von der ICC herausgegebenen Lieferbedingungen durch die Autoren. Diese sind für den Inhalt, Formulierungen und Grafiken in dieser Veröffentlichung verantwortlich. Für die Nutzung der Incoterms® in einem Vertrag empfiehlt sich die Bezugnahme auf den Originaltext des Regelwerks. Dieser kann über ICC Germany unter www.iccgermany.de und www.incoterms2020.de bezogen werden.

D

WIRTSCHAFTS- UND SOZIALKUNDE

1 Bedürfnisse

Aufgabe 312

Ordnen Sie den Begriffen die Erklärungen richtig zu.

a) Existenzbedürfnisse
b) Kulturbedürfnisse
c) Luxusbedürfnisse
d) Individualbedürfnisse
e) Kollektiv-/Gemeinschaftsbedürfnisse
f) materielle Bedürfnisse
g) immaterielle Bedürfnisse

(1) Diese Bedürfnisse sind nicht gegenständlich, sondern geistig (z. B. Religion, Gesundheit, Sicherheit).

(2) Sie übersteigen die Existenz- und Kulturbedürfnisse und sind gekennzeichnet von einem exklusiven Lebensstil (z. B. teure Autos, besonderer Schmuck).

(3) Bedürfnisse, die von der Gemeinschaft für mehrere Menschen befriedigt werden (z. B. Schulen, Sicherheit, Straßen).

(4) Sie sind zur Lebenserhaltung notwendig (z. B. Hunger, Durst, Schlafen).

(5) Sie sind nicht lebensnotwendig. Sie entsprechen dem heutigen Lebensstil/der Lebensweise einer Kulturgesellschaft (z. B. Bildung, Theater, Bildungsreisen, Telefon, Fernsehen).

(6) Jede Person für sich hat eigene Bedürfnisse (z. B. Konsumgüter).

(7) Diese Bedürfnisse sind gegenständlich, d. h. greifbar (z. B. Auto, Nahrung).

Aufgabe 313

Erläutern Sie den Zusammenhang zwischen Bedürfnissen, Bedarf und Nachfrage.

2 Güter

Aufgabe 314

Was sind Güter?

Aufgabe 315

Unterscheiden Sie wirtschaftliche und freie Güter.

Aufgabe 316

Erläutern Sie kurz den Unterschied zwischen Verbrauchs- und Gebrauchsgütern.

3 Ökonomisches Prinzip

Aufgabe 317

Was besagt das erwerbswirtschaftliche Prinzip?

(1) Die Zielgruppe sollte möglichst Kunden unterschiedlichen Alters umfassen.

(2) Vollbeschäftigung steht an erster Stelle.

(3) Es soll der größtmögliche Gewinn erzielt werden.

(4) Umsatzeinbußen sind hinnehmbar, solange die Marktanteile steigen.

(5) Der Verkauf von Waren sollte möglichst kostendeckend erfolgen. Gewinnerzielung steht nicht im Vordergrund.

Aufgabe 318

Welche Aussage über das ökonomische Prinzip ist richtig?

(1) Es wird versucht, alle vier Ziele des magischen Vierecks zu erreichen.

(2) Es wird versucht, dass das Ausland keinen Einfluss auf die Volkswirtschaft hat.

(3) Es wird angestrebt, den Geldstrom in der Volkswirtschaft gegenüber dem Güterstrom zu vergrößern.

(4) Es wird versucht, effizient zu wirtschaften.

Aufgabe 319

Ein vorgegebenes Ziel soll mit möglichst geringen Mitteln erreicht werden.

Welches Prinzip liegt vor?

Aufgabe 320

Eine Auszubildende bekommt den Auftrag, Kopierpapier einzukaufen.

Welches Prinzip liegt vor?

Aufgabe 321

Für insgesamt 1.000,00 € soll eine Auszubildende möglichst viele Bleistifte kaufen.

Welches Prinzip liegt vor?

4 Märkte

Aufgabe 322

Was ist ein Markt?

Aufgabe 323

Erläutern Sie die Begriffe.

a) Polypol
b) Oligopol
c) Monopol

Aufgabe 324

Zählen Sie drei Kriterien des vollkommenen Markts auf.

Aufgabe 325

Welche Aussage ist richtig?

(1) Im Marktgleichgewicht schneiden sich Angebot und Nachfrage.
(2) Solange der Preis steigt, steigt auch die Nachfragemenge.
(3) Die Sättigungsmenge ist erreicht, wenn das komplette Angebot durch die im Markt existierende Nachfrage aufgekauft wird.
(4) Das Marktgleichgewicht befindet sich immer beim höchsten Angebotspreis, da dort am meisten Umsatz erzielt wird.

Aufgabe 326

Bei einem Preis von 300,00 € beträgt die Angebotsmenge auf dem Markt 40 000 Stück und die Nachfragemenge 22 000 Stück. Was zeichnet die folgende Marktsituation aus?

(1) Die Gleichgewichtsmenge beträgt 22 000 Stück.

(2) Der Gleichgewichtspreis beträgt 300,00 €.

(3) Auf dem Markt gibt es einen Nachfrageüberhang.

(4) Auf dem Markt gibt es einen Angebotsüberhang.

(5) Auf dem Markt gibt es keinen Schnittpunkt von Angebot und Nachfrage.

Aufgabe 327

Die Nachfragekurve verschiebt sich nach links. Welche Wirkung wird dadurch erzielt?

(1) Die Gleichgewichtsmenge bleibt unverändert, der Gleichgewichtspreis steigt.

(2) Die Gleichgewichtsmenge steigt, der Gleichgewichtspreis sinkt.

(3) Die Gleichgewichtsmenge sinkt, der Gleichgewichtspreis sinkt.

(4) Die Gleichgewichtsmenge bleibt unverändert, der Gleichgewichtspreis sinkt.

(5) Die Gleichgewichtsmenge steigt, der Gleichgewichtspreis steigt.

Aufgabe 328

Welche Maßnahme trägt zur Erhöhung der Nachfrage von privaten Haushalten nach Konsumgütern bei?

(1) Abschreibungsbeträge werden gesenkt.

(2) Steuerfreibeträge werden erhöht.

(3) Beitragssätze zur Sozialversicherung werden erhöht.

(4) Transferleistungen werden gesenkt.

(5) Subventionszahlungen werden gesenkt.

Aufgabe 329

Ermitteln Sie den Marktumsatz, wenn der Gleichgewichtspreis bei 105,00 € je Stück liegt und die Gleichgewichtsmenge 220 019 Stück beträgt.

5 Konjunktur und Wirtschaftswachstum

Aufgabe 330
Was ist eine Konjunktur?

Aufgabe 331
Erläutern Sie kurz die Konjunkturphasen.

Aufgabe 332
Auf Grundlage welches Kriteriums können Konjunkturprognosen getroffen werden?

(1) Noten der Auszubildenden lokaler Unternehmen in den Abschlussprüfungen

(2) Entwicklung der Auftragseingänge in wichtigen Industriezweigen

(3) Entwicklung der Zahlungen an Arbeitslose

(4) Insolvenzentwicklung mittelständischer Unternehmen

(5) Steuereinnahmen des Staates

Aufgabe 333
Welche zwei Maßnahmen des Staates wirken einem Konjunkturabschwung entgegen?

(1) Senkung der Abschreibungsmöglichkeiten für Unternehmen

(2) Erhöhung von Subventionen

(3) Erhöhung des Umsatzsteuersatzes

(4) Erhöhung der Lohnsteuer

(5) Erhöhung der staatlichen Investitionen

(6) Verschärfung vom Umweltschutzauflagen

(7) Abschaffung der Wohnungsbauförderung

Aufgabe 334
Welche staatliche Maßnahme kann angewendet werden, um die negativen Auswirkungen der Rezession auf die privaten Haushalte und deren verfügbares Einkommen möglichst gering zu halten?

(1) Das Kurzarbeitergeld wird nicht ausgezahlt.

(2) Der allgemeine Beitragssatz zur gesetzlichen Krankenversicherung wird erhöht.

(3) Das Kindergeld wird erhöht.

(4) Es wird eine Sondersteuer eingeführt, die von allen privaten Haushalten zu zahlen ist.

(5) Der Kinderfreibetrag wird halbiert.

6 Aufgaben und Arten des Großhandels

Aufgabe 335

Was trifft auf den Aufkaufgroßhandel zu?

(1) Bezieht Güter in größeren Mengen von den Herstellern und verkauft sie in kleineren Mengen überwiegend an Einzelhändler und Handwerksbetriebe.

(2) Ist Mittler zwischen den verschiedenen aufeinanderfolgenden Stufen der gewerblichen Wirtschaft.

(3) Ist der für die Raumüberbrückungsfunktion zuständige Großhandel.

(4) Kauft von verschiedenen Herstellern Wirtschaftsgüter in kleinen Mengen, die gesammelt, umsortiert und anschließend in größeren Mengen an Betriebe der Weiterverarbeitung abgegeben werden.

(5) Ist für den Verkauf an Endverbraucher zuständig.

Aufgabe 336

Ordnen Sie jedem der folgenden drei Begriffe die richtige Definition zu.

a) Raumüberbrückung

b) Zeitüberbrückung

c) Markterschließung

Definitionen:

(1) Da er die Wünsche und Vorstellungen seiner Kundschaft kennt, kann der Großhändler die Hersteller über Nachfrage- und Bedarfsverschiebungen informieren.

(2) Der Großhandel erstellt ein passendes Warenangebot.

(3) Der Großhandel bietet Serviceleistungen an.

(4) Der Großhandel gleicht die Spanne zwischen Herstellung und Verbraucher durch Lagerung aus.

(5) Der Großhandel gleicht die räumliche Entfernung zwischen Hersteller und Konsumenten aus.

(6) Der Großhandel ist Vermittler zwischen Hersteller und Verbraucher

Aufgabe 337

Was ist ein Rackjobber?

(1) ein Großhändler, der dafür sorgt, dass Ware das Lager nicht berührt, sondern direkt vom Lieferer an die Kundschaft geliefert wird.

(2) ein Großhändler, der überwiegend im Außenhandel tätig ist.

(3) ein Großhändler, der überwiegend ein breites Sortiment führt.

(4) ein Großhändler, der überwiegend ein schmales Sortiment führt.

(5) ein sogenannter Regalgroßhändler

Aufgabe 338

Wodurch ist der Sortimentsgroßhandel gekennzeichnet?

(1) schmales Sortiment

(2) tiefes Sortiment

(3) breites Sortiment

(4) weltweite Aktivität

(5) Selbstbedienungssortiment

Aufgabe 339

Ordnen Sie den Begriffen die richtige Definition zu.

a) Sortimentsgroßhandel

b) Rackjobber

c) Spezialgroßhandel

d) Streckengroßhandel

e) Zustellgroßhandel

f) Abholgroßhandel

g) Cash & Carry-Großhandel

h) Binnengroßhandel

i) Außengroßhandel

j)   Aufkaufgroßhandel

k)   Produktionsverbindungsgroßhandel

l)   Absatzgroßhandel

  (1) Die Kundschaft holt die Waren beim Großhändler selbst ab.

  (2) Sammelgroßhandel

  (3) Solche Unternehmen führen ein schmales, tiefes Sortiment.

  (4) Mittler zwischen zwei aufeinanderfolgenden Produktions-
      stufen

  (5) Dies sind die Großhändler ohne eigenes Lager.

  (6) Kauft in größeren Mengen von den Herstellern und verkauft
      in kleineren Mengen an Einzelhändler.

  (7) Nach Bestelleingang liefert der Großhändler die Waren mit
      eigenen oder fremden Transportmitteln aus.

  (8) wird oft auch Regalgroßhandlung genannt

  (9) Solche Unternehmen führen ein branchenübergreifendes brei-
      tes Sortiment.

  (10) Anderes Wort für Abholgroßhandel.

  (11) Betreibt Handelsgeschäfte mit Geschäftspartnern einer Volks-
      wirtschaft.

  (12) Betreibt Handelsgeschäfte, bei denen der Warenaustausch
      über nationale Grenzen hinweg stattfindet.

Aufgabe 340

*Ordnen Sie die folgenden Situationen den Funktionen des Großhan-
delbetriebes zu.*

(1) Finanzierungsfunktion

(2) Markterschließungsfunktion

(3) Sortimentsfunktion

a) Die Martin KG bietet Oberbekleidung in verschiedenen Arten,
    Größen und Ausführungen an.

b) Die Martin KG räumt ihren Kunden ein Zahlungsziel von 30 Tagen
    ein.

c) Bei der Martin KG wird eine neu auf den Markt kommende Hose
    in einer Sonderverkaufsaktion angeboten.

7 Rechtsformen

Aufgabe 341

Was trifft auf eine offene Handelsgesellschaft zu?

(1) Mindestens zwei Personen stellen Eigenkapital zur Verfügung.

(2) Der Gesellschafter der OHG heißt Komplementär.

(3) Die OHG handelt durch den Geschäftsführer.

(4) Unternehmensleitung und Mitgliedschaft in der offenen Handelsgesellschaft sind grundsätzlich getrennt.

(5) Die OHG hat ein Grundkapital von 25.000,00 €.

Aufgabe 342

In einer Rechtsform gibt es ein Mindestkapital von 25.000,00 €, das Stammkapital genannt wird. In einer Sonderform benötigt man als Gesellschafter sogar gar kein Kapital.

Welche Rechtsform liegt vor?

(1) Einzelunternehmen

(2) OHG

(3) KG

(4) GmbH

(5) Aktiengesellschaft

Aufgabe 343

In welcher Rechtsform tritt eine Kapitalgesellschaft als Komplementär auf?

(1) KG

(2) OHG

(3) stille Gesellschaft

(4) GmbH & Co. KG

(5) KGaA

Aufgabe 344

Finden Sie die passenden Begriffe zu den Erläuterungen.

a) Entstehen immer dann, wenn sich mindestens zwei Personen zur Erreichung eines genau bestimmten Zwecks zusammenschließen

b) Hier stehen die persönliche Mitarbeit und Haftung der Unternehmer im Vordergrund.

c) Das Verlustrisiko eines Teilhabers ist maximal auf seinen Anteil beschränkt.

d) Selbsthilfeorganisation, die auf der Solidarität der Mitglieder beruht.

e) Ein Unternehmen, dessen Eigenkapital von einer Person aufgebracht wird, die persönlich haftet.

f) Rechtsform von mindestens zwei Personen gegründet, die alle persönlich haften.

g) Rechtsform von mindestens zwei Personen gegründet, von denen mindestens eine persönlich haftet, die andere nicht.

h) Juristische Person mit Stammkapital

i) Unternehmen mit einem Vorstand

j) Personengesellschaft mit einer GmbH als Komplementär

Aufgabe 345

Geben Sie für die Rechtsformen

→ Einzelunternehmung
→ offene Handelsgesellschaft
→ Kommanditgesellschaft
→ Gesellschaft mit beschränkter Haftung
→ Aktiengesellschaft

jeweils an:

a) die Mindestgründeranzahl

b) das Mindestkapital

c) die Haftungsregelung

d) die Geschäftsführungsregelung

e) die Gewinnverteilung

f) die Art der Handelsregistereintragung

Aufgabe 346

Benjamin Müller möchte in Hannover ein Unternehmen gründen. Welcher Firmengrundsatz wird durch die Eintragung in das Handelsregister eingehalten?

(1) Der Grundsatz der Firmenklarheit

(2) Der Grundsatz der Firmenausschließlichkeit

(3) Der Grundsatz der Firmenwahrheit

(4) Der Grundsatz der Firmenöffentlichkeit

(5) Der Grundsatz der Firmenbeständigkeit

8 Die Organisation eines Großhandelsbetriebs

Aufgabe 347

Welche Aussagen zum Begriff „Organisation" sind falsch?

(1) Die Organisation ist nur dann wirksam, wenn der Umsatz eines Betriebes kurzfristig gesteigert wird.

(2) Organisation bezeichnet Dauerregelungen für den rationalen Einsatz aller produktiven Kräfte eines Unternehmens.

(3) Unter Organisation werden ausschließlich kurzfristige Regelungen unvorhersehbarer Fälle verstanden.

(4) Die Organisation ist auf die technischen Einrichtungen eines Betriebes beschränkt.

(5) Organisation heißt, menschliche Arbeit durch Maschinen zu ersetzen.

Aufgabe 348

Auf welches Weisungssystem trifft die folgende Anmerkung zu: „Der Vorteil dieses Leitungssystems liegt in den klaren Verantwortungsbereichen. Es gibt eine eindeutige Regelung der Weisungszuständigkeit. Als Nachteil gilt die starke Belastung der oberen Leitungsebenen, bei der alle Entscheidungen von Vorgesetzten getroffen werden müssen. Durch die langen Dienstwege ist dieses System für Anordnungen und Meldungen sehr schwerfällig."

(1) Einliniensystem

(2) Mehrliniensystem

(3) Stabliniensystem

(4) divisionale Organisation

(5) Matrixorganisation

Aufgabe 349

Was trifft auf das Mehrliniensystem zu?

(1) Genau wie im Stabliniensystem gibt es hier auch Stabsstellen.

(2) Alle Personen sind in einem einheitlichen Befehlsweg eingegliedert, der von der obersten Instanz bis zur letzten Arbeitskraft reicht.

(3) Dieses System wird häufig auch Spartenorganisation genannt.

(4) Eine Arbeitskraft kann von mehreren spezialisierten Vorgesetzten Anweisung erhalten.

(5) Haben Spezialistinnen und Spezialisten im Mehrliniensystem eine direkte Gewinnverantwortung gegenüber der Unternehmensleitung, spricht man auch von einem Profitcenter.

Aufgabe 350

Wozu wird ein Organigramm verwendet?

(1) Es dient zur Organisation der Lieferantenkartei.

(2) Es überprüft die Anzahl der zu besetzenden Stellen.

(3) Es stellt die innerbetrieblichen Prozesse dar.

(4) Es legt die Abläufe betrieblicher Veranstaltungen offen.

(5) Es gliedert das Unternehmen in unterschiedliche Abteilungen und stellt damit dessen Aufbau dar.

Aufgabe 351

Welches Merkmal spricht für ein Stabliniensystem?

(1) Es gibt eine Controlling-Einheit, die beratend tätig wird.

(2) Mehreren Fachvorgesetzte erteilen einer Mitarbeiterin direkte Anweisungen.

(3) Jede übergeordnete Einheit hat genau zwei untergeordnete Einheiten. Darüber hinaus gibt es keine weiteren Einheiten im Organigramm.

(4) Es gibt keine festgelegten Zuständigkeiten im Organigramm.

Aufgabe 352

Welche Begriffe der Aufbauorganisation sind in den folgenden Fällen gemeint?

a) Aufgabenbereich einer Person (gleichzeitig kleinste organisatorische Einheit eines Unternehmens)

b) Stelle mit Anordnungs- und Entscheidungsbefugnissen

c) Festlegung der Betriebsstruktur

d) Beschreibung des Arbeitsplatzes

e) Zusammenfassung mehrerer Stellen unter einer Leitung

f) Jede Arbeitskraft erhält nur von seinem/ihrer unmittelbaren Vorgesetzten Anweisungen und berichtet auch nur an diese/-n.

g) Eine Arbeitskraft kann von mehreren Vorgesetzten Anweisungen erhalten.

h) Den oberen Leitungsstellen sind Spezialisten zugeordnet, die aber Arbeitskräften keine Anweisungen geben können.

i) Alle Beschäftigten haben eine produkt- und eine funktionsorientierte vorsitzende Führungskraft.

j) Dies ist keine beständige Organisationsstruktur, sondern besteht nur für die Dauer eines Vorhabens.

k) Auf der Ebene unterhalb der Unternehmensleitung erfolgt die Abteilungsbildung nach Objekten.

Aufgabe 353

Die Martin KG möchte seine Arbeitsabläufe optimieren. Ordnen Sie die Arbeitsschritte nach ihrer chronologischen Reihenfolge.

(1) Erstellung einer Sollkonzeption

(2) Ist-Aufnahme vorhandener betrieblicher Arbeitsabläufe

(3) Analyse der Ist-Situation im Unternehmen

(4) Umsetzung der verbesserten Arbeitsabläufe innerhalb des Unternehmens

(5) Kontrolle der Veränderungen und Abgleich mit dem ursprünglichen Plan

9   Zusammenarbeit des Großhandelsunternehmens mit anderen Institutionen

Was ist eine Industrie- und Handelskammer?

Für welche der folgenden Situationen ist die Industrie- und Handelskammer zuständig.

(1) Eine Auszubildende möchte sich auf die Abschlussprüfung vorbereiten.

(2) Ein Auszubildender beschwert sich über seinen Betrieb, da er lediglich zum Kaffeekochen und Kopieren eingesetzt wird.

(3) Der Lagerleiter fragt Unfallverhütungsvorschriften an, um sie im Lager auszuhängen.

(4) Der Betriebsrat möchte sich über aktuelle Regelungen zur Altersrente informieren.

(5) Es werden Schulungen zur Arbeitssicherheit benötigt.

Sie wollen sich einen Handelsregisterauszug über den Hannoveraner Veranstalter Meier GmbH besorgen. An welche Institution müssen Sie sich zur Einsichtnahme wenden?

(1) An die Industrie- und Handelskammer Hannover

(2) An das Amtsgericht Hannover

(3) An das Niedersächsische Wirtschaftsministerium

(4) An die Gewerbeaufsichtsbehörde der Stadt Hannover

Wie sieht die Zusammenarbeit mit Arbeitgeberverbänden und Gewerkschaften aus?

10 Betriebliche Organisation

10.1 Die Berufsausbildung

Aufgabe 358

Welche der folgenden Aussagen sind richtig und welche falsch?

(1) Auszubildende werden während ihrer Ausbildung an drei Lernorten ausgebildet.

(2) In der Berufsschule werden den Auszubildenden allgemeinbildende und berufsbezogene theoretische Lerninhalte vermittelt.

(3) Beim Blockunterricht besuchen die Auszubildenden einmal oder zweimal in der Woche die Berufsschule.

(4) Unterrichtsinhalte der Berufsschulen sind durch Richtlinien der Kultusministerien vorgeschrieben.

(5) Im Ausbildungsbetrieb findet die überwiegend praktische Ausbildung statt.

(6) Ausbildungsinhalte sind durch den Ausbildungsrahmenplan vorgeschrieben.

(7) Informationen über Inhalte sowie die zeitliche Gliederung der betrieblichen Berufsausbildung in einem staatlich anerkannten Ausbildungsberuf findet man im Rahmenlehrplan.

(8) Im Ausbildungsbetrieb gibt es Unterricht in berufsbezogenen und allgemeinbildenden Unterrichtsfächern.

(9) Die Ausbildungsordnung für den Ausbildungsberuf enthält das Ausbildungsberufsbild, den Ausbildungsrahmenplan, Angaben zur Ausbildungsdauer und zur Prüfung.

Aufgabe 359

Was ist in der Ausbildungsordnung festgehalten?

10.2 Der Arbeitsvertrag

Aufgabe 360

Erläutern Sie die folgenden Begriffe.

a) Gesetze

b) Rechtsverordnungen

c) Tarifverträge
d) Betriebsvereinbarungen
e) Arbeitspflicht
f) Verschwiegenheitspflicht
g) Verbot der Annahme von „Schmiergeldern"
h) gesetzliches Wettbewerbsverbot
i) nachvertragliches Wettbewerbsverbot
j) Vergütungspflicht
k) Beschäftigungspflicht
l) Urlaubsgewährungspflicht:
m) Fürsorgepflicht
n) Zeugnispflicht

Aufgabe 361
Welche Art Vertrag ist der Arbeitsvertrag?

Aufgabe 362
Eine Auszubildende der Martin KG ist schwanger und erwartet ein Kind. Welche drei Regelungen sind zutreffend?

(1) Während der Schwangerschaft darf die Auszubildende nur an vier Tagen pro Woche ausgebildet werden.
(2) Die Martin KG kann das Ausbildungsverhältnis innerhalb von drei Tagen kündigen.
(3) Mit Vollendung der Geburt muss die Mutter ihre Prüfung schreiben, um weiterhin im Unternehmen angestellt zu bleiben.
(4) Die Auszubildende darf nach der Entbindung acht Wochen lang nicht beschäftigt werden.
(5) Das Mutterschutzgesetz gilt genauso für Auszubildende wie für reguläre Arbeitnehmer.
(6) Die Auszubildende darf in den letzten sechs Wochen vor der Entbindung nur beschäftigt werden, wenn sie sich zur Arbeitsleistung ausdrücklich bereiterklärt hat.

Aufgabe 363

Eine Auszubildende der Martin KG scheidet nach ihrer Ausbildung aus dem Unternehmen aus. Welche Unterlagen muss ihr die Martin KG nicht aushändigen?

(1) Zeugniskopien der Berufsschule

(2) Lebenslauf

(3) Personalakte

(4) Arbeitsvertrag

(5) Qualifiziertes Arbeitszeugnis

Aufgabe 364

Welche Aussage zur Kündigung während der Probezeit ist richtig?

(1) Die Kündigung muss beidseitig erfolgen.

(2) Die Kündigung muss mündlich vorgenommen werden.

(3) Die Kündigung muss mit einer Frist von vier Wochen erfolgen.

(4) Die Kündigung kann auch ohne Angabe eines wichtigen Grundes vorgenommen werden.

(5) Eine Kündigung ohne vorherige Abmahnung ist nicht zulässig.

Aufgabe 365

Der 17-jährige Paul hat am Vortag um 19 Uhr die Arbeit beendet. Wann darf er am Folgetag wieder beschäftigt werden?

(1) 05:40 Uhr

(2) 06:00 Uhr

(3) 07:00 Uhr

(4) 07:30 Uhr

(5) 08:00 Uhr

10.3 Rechtliche Regelungen mit Auswirkungen auf den Arbeitsvertrag

Aufgabe 366

Geben Sie die wichtigsten Aussagen des Jugendarbeitsschutzgesetzes wieder.

Aufgabe 367

Unterscheiden Sie den Manteltarifvertrag vom Lohn- und Gehaltstarifvertrag.

Aufgabe 368

Erläutern Sie die Begriffe Tarifautonomie und Friedenspflicht.

Aufgabe 369

Was ist eine Betriebsvereinbarung?

Aufgabe 370

In welchem Fall haben Betriebsratsmitglieder Mitbestimmungsrecht?

(1) Aufstellung des Urlaubsplans

(2) Entscheidung über die Vergabe eines Auftrags über den Bau eines neuen Bürogebäudes an den günstigsten Anbieter

(3) Entscheidung über den Essensplan in der Kantine

(4) Abstimmung über die Dividendenausschüttung in einer Aktiengesellschaft

Aufgabe 371

Welche Maßnahme lässt sich ohne Beteiligung des Betriebsrates realisieren?

(1) Anpassung der Arbeitszeitregelungen zur Erhöhung der Produktivität

(2) Minderung der Provisionssätze für selbstständige Handelsvertreter

(3) Stilllegung eines Produktionsstandortes und Entlassung der betroffenen Mitarbeiter

(4) Fristlose Entlassung von zwei Auszubildenden

10.4 Das Personalwesen

Aufgabe 372

Erläutern Sie kurz die folgenden Begriffe.

a) Personalwesen

b) Personalplanung

c) Personaleinsatzplanung

d) interne Beschaffungswege
e) externe Beschaffungswege
f) Personalverwaltung
g) Zeitlohn
h) Akkordlöhne
i) Stückakkordsatz = (Formel)

Aufgabe 373

Erläutern Sie den Unterschied zwischen einer qualitativen und einer quantitativen Personalbedarfsplanung.

Aufgabe 374

*Was wird **nicht** vom Bruttoentgelt abgezogen?*

(1) Mietkosten
(2) Sozialversicherungsbeiträge
(3) Lohnsteuer
(4) Kirchensteuer

Aufgabe 375

Nach welchen Aspekten wird die Zuordnung zu den jeweiligen Steuerklassen vorgenommen?

(1) Die Steuerklasse richtet sich danach, ob die Arbeitnehmerinnen und Arbeitnehmer in der Stadt oder auf dem Land wohnen.
(2) Die Steuerklasse richtet sich danach, ob die Arbeitnehmerinnen und Arbeitnehmer alleinstehend oder verheiratet sind.
(3) Die Steuerklasse richtet sich danach, ob Arbeitnehmerinnen oder Arbeitnehmer wenig oder viel verdienen. Arbeitnehmende mit dem geringsten Einkommen erhalten die Steuerklasse I, Arbeitnehmende mit dem höchsten Einkommen werden in Steuerklasse VI eingestuft.
(4) Die Steuerklasse richtet sich danach, wo der Geschäftssitz des Arbeitgebers liegt.

Aufgabe 376

Welche Aussage ist richtig?

(1) Gesetzliche Pflege- und gesetzliche Krankenversicherung haben den gleichen Wert als Beitragsbemessungsgrenze.

(2) Bei der gesetzlichen Rentenversicherung gibt es keine Beitrags-bemessungsgrenze.

(3) Bei der gesetzlichen Krankenversicherung ist zu beachten, dass die Versicherungspflichtgrenze stets der Beitragsbemessungs-grenze entspricht.

(4) Es muss ein Satz von 95 % der Bemessungsgrenze der gesetzli-chen Rentenversicherung zugrunde gelegt werden, um eine Ren-te zu erhalten.

Aufgabe 377

Welche Fälle sind durch die gesetzlichen Sozialversicherungen abge-deckt?

(1) Eine Arbeitnehmerin möchte einen Reiseveranstalter verklagen, da dieser ihr falsche Versprechungen in Bezug auf ihre Urlaubs-reise gemacht hat.

(2) Ein Arbeitnehmer bricht sich das Bein, als er am Arbeitsplatz über einen Rollcontainer stolpert. Nun muss er für zwei Wochen im Krankenhaus behandelt werden.

(3) Eine 34-jährige Arbeitnehmerin wird nach 5-jähriger Beschäfti-gung aus betriebsbedingten Gründen arbeitslos.

(4) Auf dem direkten Weg zur Arbeit wird ein Arbeitnehmer auf sei-nem Fahrrad angefahren und muss ärztlich behandelt werden.

(5) Eine Arbeitnehmerin scheidet aus dem Arbeitsleben aus und be-zieht Rente.

Aufgabe 378

Was versteht man unter den folgenden Begriffen des Datenschutzes?

a) Zutrittskontrolle

b) Zugangskontrolle

c) Zugriffskontrolle

d) Weitergabekontrolle

e) Eingabekontrolle

f) Auftragskontrolle

g) Verfügbarkeitskontrolle

h) Trennungsgebot

Aufgabe 379

Erläutern Sie die

a) Bedeutung des Datenschutzes
b) Aufgabe des Datenschutzes
c) Bedeutung des Begriffs „Personenbezogene Daten"
d) Rechte der Betroffenen
e) Pflichten der Datenverarbeiter

10.5 Sicherheit im Betrieb

Aufgabe 380

Welche Aspekte der Datensicherung sind in den folgenden Fällen gemeint?

a) Unternehmen besitzen häufig zentrale Rechenzentren. Diese sind in der Regel mit Geräten ausgestattet, die bei Stromausfall die notwendige Energie erzeugen, um den Datenverarbeitungsbetrieb aufrechtzuerhalten.

b) Bestimmte Datenträger (z. B. SD-Karten) besitzen einen Schreibschutzschalter. Wird dieser in eine bestimmte Position gebracht, ist ein versehentliches Überschreiben von Daten nicht möglich.

c) Dies ist ein zusätzlicher Computer, der bei Ausfall der eigentlichen EDV-Anlage deren Aufgaben wahrnimmt. Im Notfall wird automatisch umgeschaltet, sodass Gesamtausfälle vermieden werden können.

d) Jeder Computer sollte mit einem Schloss versehen sein, damit die Inbetriebnahme nur Schlüsselbesitzern möglich ist. Für die zum Computereinsatz gehörenden Arbeitsmittel (z. B. DVDs, Formulare, Belege, Listen, Protokolle usw.) sollte ein Safe zur Verfügung stehen, der feuer-, diebstahl-, wasser- und explosionssicher ist.

e) Dies ist eine spezielle Magnetbandeinheit, die größere Datenmengen sehr schnell aufnehmen bzw. wieder abgeben kann. So können Datenbestände regelmäßig schnell und sicher auf Magnetbändern bzw. Magnetbandkassetten gesichert werden.

f) Sicherheitsschlösser, Sicherheitsverglasungen und Alarmanlagen sind geeignete Schutzmaßnahmen für die Räume, in denen sich EDV-Anlagen befinden.

g) Zur Sicherung von Datenbestanden sollten Unternehmen drei Generationen von Datenträgern aufbewahren. Dieses „Großvater-Vater-Sohn-Prinzip" gewährleistet, dass bei täglicher Verarbeitung grundsätzlich die Daten der beiden vorhergehenden Tage noch als Sicherheiten zur Verfügung stehen.

h) Zur Datensicherung besteht auch die Möglichkeit, sämtliche Vorgänge, die in der EDV-Anlage ablaufen, in einer besonderen Datei zu speichern. Sämtliche Tätigkeiten, die mit der EDV-Anlage vorgenommen werden, können so überwacht werden.

i) Hierdurch kann das Unternehmen sicherstellen, dass die Beschäftigten fehlerfrei und ordnungsgemäß die EDV bedienen können.

j) Es ist darauf zu achten, dass alle Aufgaben in der Datenverarbeitung von mehr als einer Person durchgeführt werden können, damit das Unternehmen nicht von einzelnen Personen mit Spezialkenntnissen abhängig wird.

k) Besonders kritische Vorgänge können geschützt werden, indem vor der Ausführung die Eingabe – und damit Zustimmung – einer zweiten Person verlangt wird.

l) Diese prüfen, ob eingegebene Daten in der Wirklichkeit überhaupt vorkommen können. Wird beispielsweise als Tageszahl der 32. genannt, wird der Anwender automatisch auf diesen Fehler hingewiesen.

m) Der Zugang zu Anwenderprogrammen oder auch zum Betriebssystem sollte durch Kennwörter gesichert werden. Dadurch wird verhindert, dass Unbefugte mit dem System arbeiten können. Kennwörter müssen verdeckt eingegeben werden können.

n) Die einzelnen Beschäftigten werden mit unterschiedlichen Autorisationsgraden ausgestattet: Einige dürfen mit allen Unterprogrammen arbeiten, andere dürfen nur bestimmte – nicht sicherheitsgefährdende – Tätigkeiten am Computer vornehmen. Für jede Person werden also nicht nur Passwörter gespeichert, sondern auch, wozu sie im Einzelnen am Computer berechtigt ist.

o) Bestimmte Programme ermöglichen es, Dateien zu verstecken. Diese werden nicht im Inhaltsverzeichnis ausgegeben und können daher nur von Personen, die von der Existenz der Dateien wissen, bearbeitet werden. In vielen Fällen werden Dateien auch „read only" gestellt: Die Datei kann aus Sicherheitsgründen nur gelesen, aber nicht verändert werden.

p) Sehr wichtige Daten, die auf externen Speichern aufbewahrt werden, können mithilfe geeigneter Programme verschlüsselt werden. Dadurch wird es Unbefugten zumindest erschwert, Daten zu lesen oder zu verändern. Die Verschlüsselung ist mit einem gewissen Zeitverlust verbunden, den man aber bei wichtigen Informationen in Kauf nehmen sollte.

q) Dieses Verfahren dient dazu, fehlerhafte Angaben bei der Erfassung oder Übermittlung numerischer Daten zu entdecken.

Aufgabe 381

Welche Aufgabe nimmt die oder der Sicherheitsbeauftragte gegenüber Kolleginnen und Kollegen wahr?

(1) Nach einem eskalierten Streit übernimmt sie/er die psychologische Betreuung betroffener Mitarbeiter/-innen.

(2) Sie/Er gibt interne Schulungen und macht auf Arbeits- und Gesundheitsgefahren aufmerksam.

(3) Sie/Er muss Feuer löschen, wenn dieses im Bürogebäude ausbricht.

(4) Sie/Er trägt die Verantwortung bei Verletzungen, die sich die Mitarbeiter/-innen zuziehen.

Aufgabe 382

Wer bestellt die Sicherheitsbeauftragte oder den Sicherheitsbeauftragten?

(1) Geschäftsführung

(2) Berufsgenossenschaft

(3) Krankenkasse

(4) Aufsichtsrat

Aufgabe 383

Der Sicherheitsbeauftragte der Martin KG hat ein Merkblatt über die Unfallverhütungsvorschriften geschrieben. Welchen der folgenden Aspekte muss er korrigieren?

(1) Alle Mitarbeiter/-innen verpflichten sich, im Brandfall im Gebäude zu bleiben, um den Brand zu bekämpfen.

(2) Erforderliche Geldmittel für Arbeitsschutzeinrichtungen sind vom Arbeitgeber bereitzustellen.

(3) Der Sicherheitsbeauftragte der Martin KG überwacht grundsätzlich die Einhaltung der Unfallverhütungsvorschriften.

(4) Im Brandfall sind die dafür vorgesehenen Treffpunkte aufzusuchen.

Aufgabe 384

Geben Sie mindestens acht Maßnahmen an, die die Sicherheit im Lager unterstützen.

Aufgabe 385

Wie sollte man sich im Brandfall richtig verhalten?

Aufgabe 386

Richtig oder falsch? Beurteilen Sie die folgenden Situationen.

a) Im Lager der Novonot GmbH ist ein Brand entstanden. Frauke Schröder greift den Brand mit einem Feuerlöscher in Windrichtung an.

b) Frauke Schröder bekommt nacheinander zwei weitere Feuerlöscher von zwei Kollegen gereicht, um den Brand weiter zu löschen.

c) Bei einem Tropfbrand im Lager der Eggeling OHG wird von unten nach oben gelöscht.

d) Ein Wandbrand in der Bauer GmbH wird von unten nach oben gelöscht.

Aufgabe 387

Mete Öczan lagert gerade Ware im Lager ein. Er entdeckt plötzlich ein Feuer, das durch ein verschmortes Kabel entstanden ist.

Welche Maßnahme ist richtig, welche falsch?

(1) Mete Öczan löst Feueralarm aus, indem er einen Feuermelder einschlägt.

(2) Mit einem Wassereimer löscht Mete Öczan sofort das Feuer.

(3) Ruhig meldet Mete Öczan das Feuer an die Lagerleitung.

(4) Über ein Telefon meldet Mete Öczan den Schwelbrand der Feuerwehr.

11 Umweltschutz

Aufgabe 388
Erläutern Sie, warum Nachhaltigkeit für Großhandelsunternehmen eine wichtige Rolle spielt.

Aufgabe 389
Erläutern Sie den Begriff der Nachhaltigkeit.

Aufgabe 390
Unterscheiden Sie die drei Arten der Nachhaltigkeit.

Aufgabe 391
Erläutern Sie die Begriffe
a) Ressourcenschonung
b) Abfallvermeidung
c) Umweltschutz

Aufgabe 392
Welche Maßnahme wird dem Ziel gerecht, den Ausstoß von Treibhausgasen zu reduzieren?
(1) Die Martin KG kauft an der Börse Zertifikate, um die Energiebilanz auszugleichen.
(2) Die Martin KG bittet die Abteilung Einkauf, bei der Auftragsvergabe Artikel immer zu den günstigsten Konditionen zu erwerben.
(3) Die Martin KG erlässt eine Anweisung, nach der die Mitarbeiterinnen und Mitarbeiter bei Dienstreisen nach Möglichkeit mit dem Flugzeug fliegen, damit sie nicht über einen langen Zeitraum Emissionen ausstoßen.
(4) Die Martin KG achtet bei der Auswahl von LKW zukünftig auf den Kraftstoffverbrauch.

Aufgabe 393
Ermitteln Sie den prozentualen Anteil des gefährlichen Abfalls der Martin KG, wenn diese insgesamt 18 Tonnen Abfälle produziert und drei Tonnen davon gefährlicher Abfall sind.

E

LÖSUNGEN

A Organisieren des Warensortiments und von Dienstleistungen – LÖSUNGEN

Aufg. 1	Das Sortiment ist die Gesamtheit aller Waren und Dienstleistungen, die ein Handelsbetrieb anbietet.
Aufg. 2	Der Sortimentsumfang eines Handelsbetriebes wird mit den Begriffen „Sortimentsbreite" und „Sortimentstiefe" beschrieben.
	→ Die Sortimentsbreite wird durch die Zahl der Warenarten und Warengruppen bestimmt. Je mehr Warenarten und Warengruppen in einem Handelsbetrieb angeboten werden, umso breiter ist sein Sortiment. Ein breites Sortiment enthält viele Warenarten und Warengruppen. Ein schmales Sortiment besteht nur aus einer oder wenigen Warenarten.
	→ Die Sortimentstiefe wird durch die Artikel- und Sortenzahl bestimmt. Je mehr Artikel und Sorten innerhalb einer Warenart angeboten werden, umso tiefer ist ein Sortiment. Ein Handelsbetrieb führt ein tiefes Sortiment, wenn er innerhalb der einzelnen Warenarten viele Artikel und Sorten anbietet. Werden innerhalb der einzelnen Warenarten nur wenige Artikel und Sorten angeboten, spricht man von einem flachen Sortiment.
Aufg. 3	a) Das Kernsortiment ist der Sortimentsteil, auf den sich die Haupttätigkeit des jeweiligen Handelsbetriebes erstreckt. Er erbringt in der Regel den überwiegenden Umsatzanteil.
	b) Das Randsortiment wird zur Ergänzung und Abrundung des Kernsortiments geführt. Es erbringt in der Regel den geringeren Umsatzanteil.

	c) Sortimentspolitische Maßnahme, bei der ein Produkt aus dem Markt genommen wird.
	d) Sortimentspolitische Maßnahme, bei der eine Ausweitung bzw. Verbreiterung der von einem Unternehmen angebotenen Produktpalette zur Risikostreuung stattfindet.
Aufg. 4	→ Produktinformationen der Hersteller → Beobachtung erfolgreicher Verkäufer → Messen und Ausstellungen → Auswertung von Gesprächen mit Kunden → Fachzeitschriften und Fachbücher → Verbraucherverbände → Kurse zur Weiterbildung → Stiftung Warentest → Konkurrenzbeobachtungen → Internet: • Herstellerseiten • Preisagenturen • Foren
Aufg. 5	4
Aufg. 6	2
Aufg. 7	3
Aufg. 8	1
Aufg. 9	4
Aufg. 10	3
Aufg. 11	2
Aufg. 12	a) ist nach Lieferanten geordnet und enthält Informationen über deren lieferbare Waren b) ist nach Waren geordnet und enthält Angaben über die betreffenden Lieferfirmen c) dienen der Suche im Internet nach gewünschten Informationen über Lieferanten d) eigene direkte und gezielte Erhebung von Beschaffungsmarktdaten

	e) Sammlung extern vorhandener Beschaffungsmarkt-daten
	f) beide Formen dienen der Information über bestehende Geschäftsbeziehungen
	g) ermöglichen eine direkte Suche über das Internet
	h) Möglichkeit der Bezugsquellenermittlung von Dienstleistungen
Aufg. 13	a) Preis, der im Angebot steht. Etwaige Abzüge sind noch nicht berücksichtigt.
	b) Preisnachlass zum Beispiel für größere Mengen
	c) Preis bei Inanspruchnahme eines Mengenrabatts
	d) Preisnachlass bei sofortiger Zahlung
	e) Preis bei sofortiger Zahlung
	f) Preis, den die Ware insgesamt den Einkauf kostet
	g) anderer Begriff für Bezugspreis
	h) nachträglich gewährter Preisnachlass, der in der Regel am Jahresende gewährt wird, wenn ein bestimmter Mindestumsatz überschritten wurde
Aufg. 14	a) richtig
	b) falsch
	c) richtig
	d) falsch
	e) richtig
	f) richtig
	g) richtig
	h) falsch
Aufg. 15	a) Eine Anfrage ist eine Bitte um ein Angebot. Sie ist immer unverbindlich. Normalerweise stellt ein Kunde eine Anfrage an ein Unternehmen, um Informationen über dessen Produkte oder Preise zu erhalten.

b) Anpreisungen sind Aufforderungen zur Abgabe einer ersten Willenserklärung. Dies können beispielsweise Anzeigen in Zeitungen, Werbeprospekte oder Schaufensterwerbung sein. Anpreisungen sind keine verbindlichen Angebote, sondern unverbindlich und an die anonyme Öffentlichkeit gerichtet.

c) Angebote sind speziell für eine Person oder Personengruppe erstellt worden. Ein Angebot ist grundsätzlich verbindlich, außer es wird explizit durch eine Freizeichnungsklausel beschränkt oder die zeitliche Bindung ist abgelaufen.

Aufg. 16

Die Bulut KG wird sich im Rahmen des quantitativen Angebotsvergleichs für Angebot 2 entscheiden, weil dieses mit 16,61 € den kleineren Bezugspreis hat.

Listeneinkaufspreis	15,00	18,00
- Rabatt	-2,25	-1,60
= Zieleinkaufspreis	12,75	14,40
- Skonto	-0,26	-0,29
= Bareinkaufspreis	12,49	14,11
+ Bezugskosten	+5,00	+2,50
= Bezugspreis (Einstandspreis)	17,49	16,61

Aufg. 17

Die Bulut KG hat im Einkauf insgesamt 99,00 € Kosten (90,00 € für die Ware zzgl. 9,00 € Verpackungskosten)

Berechnung:

Reingewicht 100 kg

+ Tara 10 kg

= Bruttogewicht 110 kg · 0,90 € = 99,00 € Bruttopreis.

Aufg. 18

a) 54,00 €

b) 54,00 € (Gesetzliche Regelung entspricht unfrei)

c) 0,00 €

d) 68,00 €

e) 18,00 €

f) 54,00 €

Aufg. 19	Die Warenwirtschaft umfasst in einem Handelsbetrieb alle Tätigkeiten, die mit der Beschaffung, der Lagerung und dem Verkauf von Waren zu tun haben. Die Warenwirtschaft ist das Hauptanwendungsgebiet der Datenverarbeitung in einem Handelsbetrieb. Fehler in der Warenwirtschaft sind für Handelsunternehmen existenzbedrohend.
Aufg. 20	Ein Warenwirtschaftssystem ist das Informations- und Steuerungssystem der Warenwirtschaft eines Handelsbetriebs. Mithilfe dieses Instruments wird der Warenfluss im Unternehmen gesteuert und kontrolliert. Dadurch kann der Zielkonflikt der Warenwirtschaft – niedrige Bestände anzustreben bei gleichzeitiger Aufrechterhaltung eines hohen Lieferservices – gelöst werden. Durch Warenwirtschaftssysteme werden warenbezogene Informationen zur Verfügung gestellt: Je mehr und je bessere Informationen ein Handelsunternehmen hat, desto besser werden die unternehmerischen Entscheidungen sein und der Handelsbetrieb wird sich am Markt behaupten können.
Aufg. 21	ERP bedeutet „Enterprise Ressource Planning". ERP-Systeme sind umfassende Programmpakete, die die Geschäftsprozesse eines Unternehmens abbilden. Diese Programmpakete, die in jedem Unternehmen eingesetzt werden können, erfassen die Prozesse eines Unternehmens nicht mehr softwaremäßig in Einzelbereichen und isoliert, sondern über alle Funktionsbereiche hinweg.
Aufg. 22	Stammdaten (wie z. B. ein Name oder eine Artikelnummer) bleiben über einen längeren Zeitraum unverändert, wogegen sich Bewegungsdaten (z. B. Kontostände) häufiger ändern.
Aufg. 23	a) richtig b) falsch c) falsch d) richtig e) richtig f) richtig g) richtig h) richtig

	i) richtig
	j) falsch
	k) richtig
Aufg. 24 **Aufg. 25**	1. Kontaktaufnahme: Kundinnen und Kunden sollen sich positiv angenommen fühlen.
	2. Ermittlung des Kaufwunschs: Verkaufspersonal soll in Erfahrung bringen, welche Bedürfnisse das Gegenüber hat.
	3. Vorlegen der Ware: Verkaufspersonal soll die Ware bedarfsgerecht anbieten.
	4. Verkaufsargumentation, Anbieten von Problemlösungen: Kundschaft soll durch die Nutzendarstellung überzeugt werden.
	5. Nennung des Preises: Verkaufspersonal setzt den Preis der Ware in Bezug zur Leistung.
	6. Behandlung von Einwänden: Unsicheren Kundinnen und Kunden wird gezeigt, dass ihre Bedenken ernst genommen werden.
	7. Herbeiführen des Kaufentschlusses: Kundschaft soll dazu gebracht werden, eine Entscheidung zu treffen.
	8. Abschluss der Verkaufsverhandlung: Das Verkaufsgespräch wird für Kunden zufriedenstellend beendet.
Aufg. 26	Sogenannte passive Verkaufsgespräche liegen vor, wenn eine Kundin oder ein Kunde selber die Initiative ergreift und das Großhandelsunternehmen anruft, um zunächst einmal mehr Produktinformation zu bekommen, vielleicht auch um gleich zu bestellen. Solche ankommenden Gespräche werden als Inbound bezeichnet. Wenn der Großhändler von sich aus aktiv wird, also Kunden bzw. Interessenten anruft, um ein Produkt zu verkaufen, liegt ein aktives Verkaufsgespräch über Telefon vor. Ausgehende Anrufe zur Durchführung von Verkaufsgesprächen werden auch Outbound genannt.

Aufg. 27	a) Wenn alle anderen Methoden erfolglos waren: Die Kundin bzw. der Kunde wird direkt gefragt, unter welchen Bedingungen sie/er zum Kauf bereit wäre.
	b) Die Kundin bzw. der Kunde soll den Einwand durch eine Rückfrage verdeutlichen.
	c) Nachdem zunächst dem Einwand der Kundin bzw. des Kunden zugestimmt wird, wird dieser jedoch durch eine Umformulierung eingeschränkt.
	d) Ein erwarteter Einwand wird selbst ausgesprochen und gleich mit Gegenargumenten widerlegt.
	e) Der Einwand wird zurückgestellt.
	f) Der Einwand wird als positives Verkaufsargument zur Kundin bzw. zum Kunden zurückgebracht.
	g) Die Kundin bzw. der Kunde wird auf ihr/sein zögerliches Verhalten (= schweigender Einwand) angesprochen.
Aufg. 28	→ Jeder fasst sich kurz.
	→ Es redet immer nur eine Person.
	→ Alle sind für das Gruppenergebnis mitverantwortlich.
	→ Jeder arbeitet mit.
	→ An der Ergebnispräsentation sollten möglichst alle Gruppenmitglieder teilnehmen oder diese zumindest gemeinsam vorbereiten und dann einen Sprecher wählen.
	→ Über den „richtigen" Weg wird diskutiert.
	→ Diskussionsbeiträge dürfen nicht persönlich verletzend sein.
	→ Jedes Gruppenmitglied darf sich frei äußern und ausreden.
	→ Alle Meinungen werden gegenseitig anerkannt.
	→ Fühlt sich jemand unwohl, sagt er es sofort.
	→ Vereinbarte Termine werden eingehalten.
	→ Jeder ist gegenüber der Gruppe für übernommene Aufgaben verantwortlich.

Aufg. 29

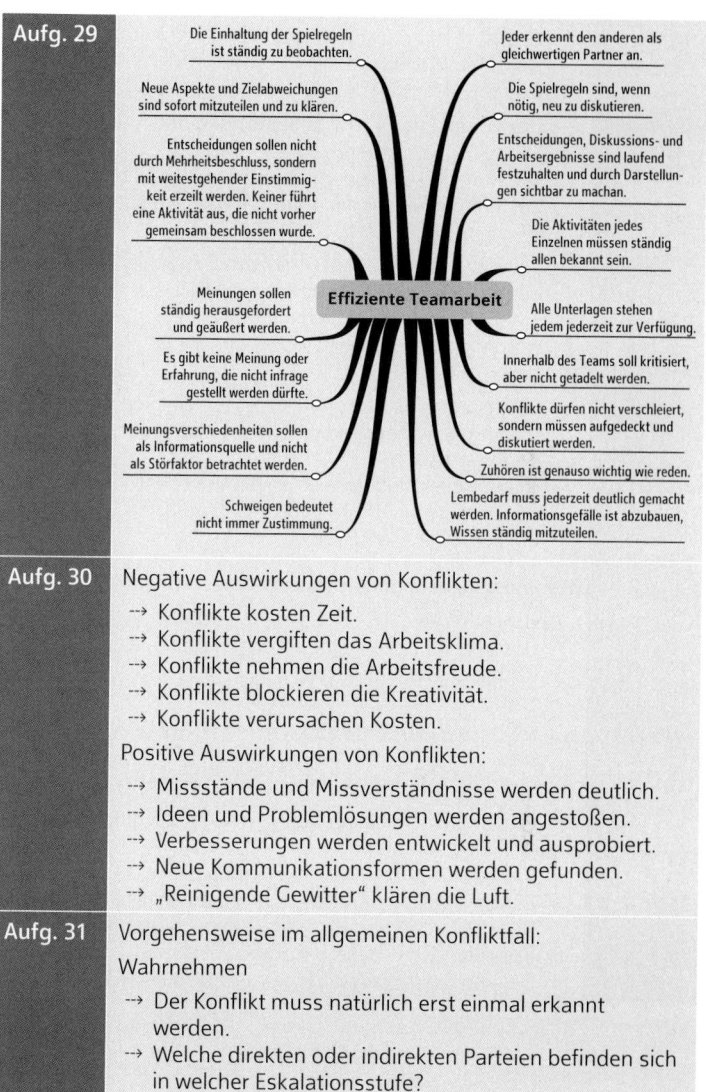

Die Einhaltung der Spielregeln ist ständig zu beobachten.

Jeder erkennt den anderen als gleichwertigen Partner an.

Neue Aspekte und Zielabweichungen sind sofort mitzuteilen und zu klären.

Die Spielregeln sind, wenn nötig, neu zu diskutieren.

Entscheidungen sollen nicht durch Mehrheitsbeschluss, sondern mit weitestgehender Einstimmigkeit erzielt werden. Keiner führt eine Aktivität aus, die nicht vorher gemeinsam beschlossen wurde.

Entscheidungen, Diskussions- und Arbeitsergebnisse sind laufend festzuhalten und durch Darstellungen sichtbar zu machan.

Die Aktivitäten jedes Einzelnen müssen ständig allen bekannt sein.

Meinungen sollen ständig herausgefordert und geäußert werden.

Effiziente Teamarbeit

Alle Unterlagen stehen jedem jederzeit zur Verfügung.

Es gibt keine Meinung oder Erfahrung, die nicht infrage gestellt werden dürfte.

Innerhalb des Teams soll kritisiert, aber nicht getadelt werden.

Meinungsverschiedenheiten sollen als Informationsquelle und nicht als Störfaktor betrachtet werden.

Konflikte dürfen nicht verschleiert, sondern müssen aufgedeckt und diskutiert werden.

Zuhören ist genauso wichtig wie reden.

Schweigen bedeutet nicht immer Zustimmung.

Lernbedarf muss jederzeit deutlich gemacht werden. Informationsgefälle ist abzubauen, Wissen ständig mitzuteilen.

Aufg. 30

Negative Auswirkungen von Konflikten:

→ Konflikte kosten Zeit.
→ Konflikte vergiften das Arbeitsklima.
→ Konflikte nehmen die Arbeitsfreude.
→ Konflikte blockieren die Kreativität.
→ Konflikte verursachen Kosten.

Positive Auswirkungen von Konflikten:

→ Missstände und Missverständnisse werden deutlich.
→ Ideen und Problemlösungen werden angestoßen.
→ Verbesserungen werden entwickelt und ausprobiert.
→ Neue Kommunikationsformen werden gefunden.
→ „Reinigende Gewitter" klären die Luft.

Aufg. 31

Vorgehensweise im allgemeinen Konfliktfall:

Wahrnehmen

→ Der Konflikt muss natürlich erst einmal erkannt werden.
→ Welche direkten oder indirekten Parteien befinden sich in welcher Eskalationsstufe?

→ Wer ist direkt betroffen, wer ist indirekt betroffen und wer fühlt sich betroffen?

Austragen

→ Der Konflikt darf nicht verschwiegen und muss offen angegangen werden.

→ Der Konflikt sollte geregelt ausgetragen werden, sonst besteht die Gefahr der späteren Konfliktsteigerung.

Lösen

→ Keine der Parteien sollte mit dem Gefühl der Unterlegenheit aus dem Konflikt hervorgehen.

→ Eine kooperative Problemlösung sollte angestrebt werden.

Nacharbeiten

→ Eine nachträgliche Konfliktanalyse zeigt eventuell ständig bestehendes Konfliktpotenzial oder zumindest Parallelen auf.

→ Die Parteien müssen sich an die Vereinbarungen halten.

→ Ein Lerneffekt sollte folgen

Aufg. 32

Feedback-Regeln für Feedbacknehmer/-innen:

→ Hören Sie zu.

→ Unterbrechen Sie Feedbackgeber/-innen nicht.

→ Rechtfertigen Sie sich nicht.

→ Fragen Sie bei Unklarheiten nach.

→ Geben Sie Rückmeldung, ob das Feedback hilfreich war.

Feedback-Regeln für Feedbackgeber/-innen:

→ Geben Sie dem Gegenüber zunächst die Möglichkeit, sich kurz zu äußern.

→ Starten Sie nach Möglichkeit mit positiver Kritik.

→ Beschreiben Sie nur das, was Sie tatsächlich beobachtet haben und was der Wahrheit entspricht.

→ Sprechen Sie in der Ich-Form.

→ Bennen Sie mögliche Verbesserungsvorschläge.

B Kaufmännische Steuerung von Geschäftsprozessen – LÖSUNGEN

Aufg. 33	a) 11, b) 10, c) 9, d) 8, e) 5, f) 7, g) 6, h) 4, i) 3, j) 2, k)1
Aufg. 34	2
Aufg. 35	5
Aufg. 36	5
Aufg. 37	4
Aufg. 38	richtig: 1, 2, 3, 4, 5, 8, 9
Aufg. 39	6, 1, 5, 3, 4, 7, 2
Aufg. 40	3, 2, 4, 1
Aufg. 41	Bilanz – Bilanzveränderungen – vier – Aktiv-Passiv-Mehrung – Passivpositionen – erhöht – Bilanzverlängerung – Aktiv-Passiv-Minderung – verringert – Bilanzverkürzung – Aktivtausch – Bilanzsumme – Aktivkonto – Passivtausch – vermindert – Eigenkapitals
Aufg. 42	2
Aufg. 43	a) falsch b) falsch c) richtig d) richtig e) richtig f) falsch g) richtig h) richtig i) falsch j) richtig k) falsch
Aufg. 44	a) Bank an Forderungen b) Darlehen an Bank c) Kasse an Bank d) Bank an Fuhrpark und Umsatzsteuer e) Bank an Darlehen f) Bank an Kasse

	g) Verbindlichkeiten an Bank
	h) Fuhrpark und Vorsteuer an Verbindlichkeiten
Aufg. 45	1
Aufg. 46	5
Aufg. 47	organisiert – ordnungsgemäßer – zeitlicher – Grundbuch – Journal – Buchungsnummer – Belegnummer – Kontierung – sachlichen – Gewinn – Kontenrahmen – Aktiva – vierstellige – Kontenklasse – Kontenplan
Aufg. 48	3, 2, 4, 5, 6, 1
Aufg. 49	2
Aufg. 50	a) falsch
	b) richtig
	c) richtig
	d) falsch
	e) falsch
	f) richtig
	g) falsch
	h) richtig
	i) richtig
	j) richtig
Aufg. 51	a) Eigenkapital wird nicht verändert.
	b) Eigenkapital wird vermehrt.
	c) Eigenkapital wird vermehrt.
	d) Eigenkapital wird vermindert.
	e) Eigenkapital wird nicht verändert.
Aufg. 52	2 und 5
Aufg. 53	1, 3
Aufg. 54	4
Aufg. 55	2 und 3
Aufg. 56	a) 5, b) 7, c) 8, d) 9, e) 1, f) 10, g) 4 , h) 6, i) 3, j) 2

Aufg. 57	a) falsch b) falsch c) richtig d) richtig e) falsch f) falsch g) richtig h) richtig i) falsch
Aufg. 58	Das Eröffnungsbilanzkonto ist ein Hilfskonto des internen Rechnungswesens, um den Grundsatz der doppelten Buchführung (Soll- an Haben-Buchung) einhalten zu können. Es enthält dieselben Informationen wie die Eröffnungsbilanz, allerdings spiegelverkehrt. Es gelten nicht die strengen Formvorschriften wie bei der Bilanz.
Aufg. 59	SBK als Konto des internen Rechnungswesens besteht aus Soll- und Habenseite, das externe Konto Schlussbilanz aus Aktiv- und Passivseite. SBK hat keine Gliederungsvorschrift.
Aufg. 60	1
Aufg. 61	2
Aufg. 62	8.600,00 € – 7.700,00 € = 900,00 €
Aufg. 63	a) Der Deckungsbeitrag pro Stück beträgt 2,60 € (5,00 € – 2,40 €). $$\text{Break-even-Point} = \frac{\text{Fixkosten}}{\text{Deckungsbeitrag pro Stück}}$$ b) $\text{Break-even-Point} = \dfrac{16.000,00\ €}{2,60\ €} = 6.154$ Stück (gerundet) Der Break-even-Point liegt bei 6.154 Stück.
Aufg. 64	3 an 4
Aufg. 65	2
Aufg. 66	5

Aufg. 67	a) Abschreibung, bei der von einem gleichmäßigen Wertverlust über die betriebsgewöhnliche Nutzungsdauer des Vermögensgegenstandes ausgegangen wird.
	b) Ableitungsverfahren, dass momentan steuerlich nicht erlaubt ist.
	c) Die Abschreibung wird nicht regelmäßig im Zeitverlauf, sondern anteilig nach der Stärke der betrieblichen Nutzung erfasst.
	d) Dieses Ausschreibungsverfahren wird vorgenommen, wenn ein Vermögensgegenstand während der betriebsgewöhnlichen Nutzungsdauer außergewöhnlich an Wert verliert und die normale Abschreibung den Wertverlust nicht abbilden kann.
	e) Vollabschreibung im Wirtschaftsjahr der Anschaffung/Herstellung
	f) Der Gegenstand im letzten Jahr der Nutzungsdauer bei weiterem Verbleib im Betriebsvermögen nicht auf 0,00 €, sondern auf 1,00 € abgeschrieben.
Aufg. 68	1
Aufg. 69	2
Aufg. 70	Abschreibung pro Jahr: 4.368,00 € : 8 Jahre = 546,00 €/Jahr
	Abschreibung pro Monat: 546,00 € : 12 Monate = 45,50 €/Monat
	Abschreibung für Zeitraum April bis Dezember: 45,50 €/Monat · 9 Monate = 409,50 €
	Restbuchwert 31.12.: 4.368,00 € – 409,50 € = 3.958,50 €
Aufg. 71	99.000,00 € (140.000 – 35.000 – 6.000)
Aufg. 72	2, 3, 4
Aufg. 73	4
Aufg. 74	a) Sonstige Verbindlichkeiten
	b) Sonstige Forderungen
	c) Aktive Rechnungsabgrenzung
	d) Passive Rechnungsabgrenzung

Aufg. 75	a) Sonstige Forderungen an Zinserträge (aus langfr. Forderungen) b) Kreditinstitute (Bank) an Sonstige Forderungen und Zinserträge (aus langfr. Forderungen)
Aufg. 76	1
Aufg. 77	3
Aufg. 78	2, 3, 6, 7
Aufg. 79	3
Aufg. 80	3
Aufg. 81	3
Aufg. 82	1
Aufg. 83	2
Aufg. 84	Barzahlung liegt vor, wenn Geld (Banknoten und Münzen) vom Schuldner an den Gläubiger persönlich oder durch einen Boten übermittelt wird und für die Zahlung keine Konten verwendet werden.
Aufg. 85	Eine Quittung beweist die Übergabe von Bargeld. Jede Quittung sollte folgende Angaben enthalten: → Zahlungsbetrag (in Ziffern und Buchstaben) → Name der zahlenden Person → Grund der Zahlung → Empfangsbestätigung → Ort und Tag der Ausstellung → Unterschrift der Zahlung empfangenden Person (Ausstellers)
Aufg. 86	Daueraufträge eignen sich für regelmäßig wiederkehrende Zahlungen in derselben Höhe, z. B. Zahlung des IHK-Beitrages, Zahlung von Mitgliedsbeiträgen, Zahlung der Miete. Das Lastschriftverfahren eignet sich für regelmäßige Zahlungen von Beträgen in unterschiedlicher Höhe, z. B. Zahlung der Fernsprechgebühren, Zahlung der Stromrechnung.
Aufg. 87	3
Aufg. 88	4

Aufg. 89	1
Aufg. 90	a) Fälligkeit und Mahnung (in einigen Fällen ist keine Mahnung erforderlich) b) Bestehen auf Zahlung (einschließlich evtl. Schadensersatz und Verzugszinsen) oder Ablehnung der Zahlung (= Rücktritt vom Vertrag)
Aufg. 91	2
Aufg. 92	Um ausstehende Zahlungen einzutreiben, werden ein oder mehrere Mahnschreiben in abgestufter Form an den Schuldner verschickt. Dies bringt auf schnelle und kostengünstige Weise den Schuldner in Zahlungsverzug.
Aufg. 93	2
Aufg. 94	4
Aufg. 95	4
Aufg. 96	a) Kreditnehmer müssen das überlassene Fremdkapital innerhalb von sechs Monaten zurückzahlen. b) Diese Kredite haben eine Laufzeit von sechs Monaten bis vier Jahren. Sie dienen ähnlich wie die kurzfristigen Kredite häufig der Finanzierung von Umlaufvermögen. c) Zu diesen Krediten zählen alle Kredite mit einer Laufzeit von über vier Jahren. Sie werden oft aufgenommen für die Finanzierung von Gütern des Anlagevermögens. d) Bei diesem Kredit räumt der Kreditgeber dem Kreditnehmer bzw. der Kreditnehmerin einen bestimmten Höchstbetrag ein, die sogenannte Kreditlinie. Abhängig vom Finanzierungsbedarf kann dann der Kreditnehmer bzw. die Kreditnehmerin in wechselndem Umfang maximal bis zu diesem Höchstbetrag einen Kredit in Anspruch nehmen. e) In der Regel ein langfristiger Kredit, bei dem ein Geldbetrag entweder in einer Summe oder in bestimmten Teilbeträgen an den Schuldner ausgezahlt wird. Häufig wird ein Darlehen für Investitionen im Bereich des Anlagevermögens aufgenommen.

f) Dieses Darlehen wird oft auch Festdarlehen genannt. Der Kredit wird am Ende der Laufzeit in einer Summe getilgt.

g) Die Rückzahlung des Kredits erfolgt in Raten zu festgelegten Terminen. Dabei bleiben die Tilgungsbeträge gleich. Weil die Restschuld dadurch sinkt, ergeben sich sinkende Zinszahlungen. Die finanzielle Belastung des Schuldners wird daher von Jahr zu Jahr geringer.

h) Über die gesamte Laufzeit werden an den Gläubiger gleich hohe – sich aus den Zins- und Tilgungsanteilen zusammensetzende – Beträge zurückgezahlt. Weil durch die Tilgung die Restschuld immer geringer wird, sinkt bei den gleichbleibenden Zahlungen des Schuldners die Zinsbelastung und der Tilgungsbetrag steigt.

i) Mithilfe dieses Kredits können Warenverkäufe finanziert werden. Diese Art des Kredits ist eine kurzfristige Form der Finanzierung. Dabei vereinbart der Einkäufer von Waren mit dem Lieferanten ein Zahlungsziel. Dies ist eine Frist, die der Lieferant für die Bezahlung der Rechnung setzt.

j) Wenn nur Kreditnehmerin bzw. Kreditnehmer dem Kreditgeber als Sicherheit dient, liegt diese Art Kredit vor. Der Kredit wird lediglich aufgrund der Kreditwürdigkeit des Schuldners gewährt. Dieser Kredit wird oft auch als Blankokredit bezeichnet.

k) Hierbei haftet neben Kreditnehmerin bzw. Kreditnehmer mindestens noch eine weitere Person für die Erfüllung der Verbindlichkeit.

l) Hierbei haftet eine weitere Person als Bürge für die Rückzahlung des Kredits. Der Kreditgeber hat damit für seine Forderung zwei Schuldner.

m) Dazu wird neben dem eigentlichen Kreditvertrag zwischen dem Kreditgeber und dem Kreditnehmer bzw. der Kreditnehmerin ein weiterer Vertrag abgeschlossen. Durch diesen geht die Forderung des Kreditnehmers bzw. der Kreditnehmerin gegenüber dem Drittschuldner an den Kreditgeber über.

	n) Bei einem Realkredit dient – neben Kreditnehmerin bzw. Kreditnehmer – eine reale Sache als Sicherheit.
	o) Dieser Kredit wird oft auch Pfandkredit genannt. Zur Absicherung eines Kredits bekommt der Kreditgeber als Sicherheit vom Kreditnehmer bzw. der Kreditnehmerin einen Gegenstand aus dessen beweglichem Vermögen als Pfand. Als Pfandgegenstände eignen sich Rechte oder bewegliche Sachen, die dem Kreditnehmer bzw. der Kreditnehmerin gehören.
	p) Hierbei wird unbewegliches Vermögen zur Absicherung meist langfristiger Kredite verpfändet. Da ein Grundstück und die damit verbundenen Gebäude nicht direkt als Faustpfand übergeben werden können, wird das Grundpfandrecht daher in ein amtliches Register eingetragen.
Aufg. 97	4
Aufg. 98	4
Aufg. 99	1 und 4
Aufg. 100	a) Hierbei verkauft ein Unternehmen seine Forderungen gegen Kunden an eine spezielle Finanzierungsgesellschaft, den sogenannten Factor.
	b) Der Factor berechnet dem Factoringkunden diese Gebühr für seinen Service sowie die damit verbundenen Kosten.
	c) Der Factor behält einen gewissen Betrag des Forderungskaufpreises ein, um etwaige Preisnachlässe aufgrund von Mängeln, Reklamationen, Skonti, Rückgaben und Ähnlichem auszugleichen.
	d) Mit dem Ankauf der Forderung übernimmt der Factor auch das Ausfallrisiko in voller Höhe. Diese Übernahme der Haftung für den Forderungsverlust durch Zahlungsunfähigkeit eines Drittschuldners wird so genannt.
	e) Hierbei wird der Schuldner über den Forderungsverkauf informiert. Dabei wird er aufgefordert, direkt an den Factor zu zahlen.

	f) Wird die Forderungsabtretung dem Debitor gegenüber nicht offengelegt, liegt diese Art des Factorings vor. Dadurch werden Verunsicherungen zwischen Factoringkunden und Debitoren vermieden. Das Debitorenmanagement verbleibt damit beim Factoringkunden.
	g) Diese Art des Factorings bedeutet, dass der Factor das Ausfallrisiko (Delkredererisiko) übernimmt. Dies ist in Deutschland beim Factoring der Normalfall.
	h) Diese Art des Factorings liegt vor, wenn der Factor die Forderungen nur ankauft.
Aufg. 101	1
Aufg. 102	4
Aufg. 103	Kosten August = (368,00 € + 55,00 € + 1,65 € + (8.400 – 7.500) · 0,032 €) · 1,19 = 539,61 €
Aufg. 104	Fixe Kosten: 2, 3, 4 Variable Kosten: 1, 5, 6
Aufg. 105	a) Einzahlung, aber keine Einnahme b) Einzahlung und Einnahme c) Einnahme, aber keine Einzahlung d) Auszahlung, aber keine Ausgabe e) Auszahlung und Ausgabe f) Ausgabe, aber keine Auszahlung g) Einnahme, aber kein Ertrag h) Ausgabe, aber kein Aufwand i) Einnahme und Ertrag j) Ausgabe und Aufwand k) Ertrag, aber keine Einnahme l) Aufwand, aber keine Ausgabe m) Erträge, aber keine Leistungen n) Aufwand, aber keine Kosten o) Erträge und Leistungen

	p) Aufwand und Kosten
	q) Leistungen, aber keine Erträge
	r) Kosten, aber kein Aufwand
Aufg. 106	a) Kosten, die für den Betrieb insgesamt anfallen, können aber nicht direkt einem Kostenträger zugerechnet werden.
	b) Die variablen Kosten nehmen bei steigender Ausbringungsmenge stärker zu.
	c) Kosten, die einem einzelnen Kostenträger (z. B. einem Artikel) direkt zugerechnet werden können. Oft werden sie auch als direkte Kosten bezeichnet.
	d) Diese Kosten bleiben bei Schwankungen der Auslastung konstant.
	e) Die variablen Kosten verändern sich im gleichen Verhältnis wie die Ausbringungsmenge.
	f) Diese Kosten verändern sich als mengenabhängige Kosten bei Änderung der Produktions- bzw. Absatzmenge.
	g) Ab einer bestimmten Ausbringungsmenge ändert sich – sprunghaft – die Höhe der Fixkosten.
	h) Je mehr ein Unternehmen produziert, desto stärker wird sich dessen Kostenstruktur verbessern.
	i) Dies sind Kosten, die in gleicher Höhe sowohl als Aufwand in die Geschäftsbuchführung eingehen, als auch als Kosten in der Kostenrechnung verrechnet werden.
	j) Kosten, die nicht direkt einer Aufwandsart der Geschäftsbuchführung entsprechen.
Aufg. 107	4
Aufg.108	Betriebsergebnis: 67.000,00 € Neutrales Ergebnis: 24.000,00 € Gesamtergebnis: 43.000,00 €

Aufg. 109

		Rechnungskreis I		Rechnungskreis II					
		Geschäftsbuchführung		Abgrenzungsrechnung					
		Erfolgsrechnung		Unternehmensbezogene Abgrenzungen		Kostenrechnerische Korrekturen		KLR Betriebsergebnisrechnung	
Kto-Nr.	Bezeichnung	Aufwendungen	Erträge	neutrale Aufwendungen	neutrale Erträge	betriebliche Aufwendungen	verrechnete Kosten	Kosten	Leistungen
1	Umsatzerlöse		20.000,00 €						20.000,00 €
2	Mieterträge		1.500,00 €		1.500,00 €				
3	Zinserträge		500,00 €		500,00 €				
4	Personalaufwand	8.000,00 €						8.000,00 €	
5	Abschreibungen	3.000,00 €				3.000,00 €	5.000,00 €	5.000,00 €	
6	Außerordentlicher Aufwand	500,00 €		500,00 €					
7	Allg.Verwaltungsaufwand	2.500,00 €						2.500,00 €	
8	Zinsaufwand	350,00 €				350,00 €	1.000,00 €	1.000,00 €	
9	Kalk. Unternehmerlohn						650,00 €	650,00 €	
	Summen	14.350,00 €	22.000,00 €	500,00 €	2.000,00 €	3.350,00 €	6.650,00 €	17.150,00 €	20.000,00 €
	Salden	7.650,00 €		1.500,00 €		3.300,00 €		2.850,00 €	
	Summen	22.000,00 €	22.000,00 €	2.000,00 €	2.000,00 €	6.650,00 €	6.650,00 €	20.000,00 €	20.000,00 €
	Ergebnis	Unternehmensergebnis 7.650,00 €		Ergebnis aus Unternehmensbezogener Abgrenzung 1.500,00 €		Ergebnis aus kosten- und leistungsrechnerischen Korrekturen 3.300,00 €		Betriebsergebnis 2.850,00 €	

Aufg. 110	Leistungseinheit – Verursachungsbereichen – unwirtschaftliche – Einheiten – Unternehmung – Kostensteigerung – Verantwortungsträger – Hauptkostenstellen – direkte – Kostenstellenplan – Funktionsbereichen – Vertrieb – Nebenkostenstellen – Verwaltung – Gemeinkosten – Kostenträger – Verwaltung – Betriebsabrechnungsbogen – BAB – Kostenverursachung – Zuschlagssätze – Kostenstelle – Prozentsatz – kostet
Aufg. 111	Produkt – Erfolg – Kostenträgern – Kostenträgerrechnung – Vollkostenrechnung – fixen – Selbstkosten – Teilkostenrechnung – variablen – betriebswirtschaftlicher – Fixkosten – Verkaufspreis – Deckungsbeitrag – Betriebsgewinn – Verkaufserlösen – Stück – Periode – Preisuntergrenze – wirtschaftlich
Aufg. 112	1
Aufg. 113	1
Aufg. 114	1
Aufg. 115	1
Aufg. 116	1
Aufg. 117	a) Der Deckungsbeitrag pro Stück beträgt 2,60 € (5,00 € – 2,40 €). $$\text{Break-even-Point} = \frac{\text{Fixkosten}}{\text{Deckungsbeitrag pro Stück}}$$ b) $$\text{Break-even-Point} = \frac{16.000,00\ €}{2,60\ €}$$ $$= 6.154 \text{ Stück (gerundet)}$$ Der Break-even-Point liegt bei 6.154 Stück.
Aufg. 118	Preisuntergrenzen spielen für den kurzfristigen und langfristigen Erhalt von Unternehmen eine bedeutende Rolle. Eine Preisuntergrenze gibt Auskunft über den Mindestpreis, den ein Unternehmen für einen Artikel (bzw. eine Dienstleistung) mindestens fordern muss, damit es keine Verluste macht.

Bei der Berechnung der **kurzfristigen Preisuntergrenze** ermittelt man den Mindestpreis für ein Produkt, der die variablen Kosten abdeckt. Ein Preis in dieser Höhe sichert die Existenz des Unternehmens für eine begrenzte Zeit. Dieser Preis deckt die variablen Kosten ab, die dem Unternehmen durch die Produktion entstehen.

Die kurzfristige Preisuntergrenze wird mit der folgenden Formel berechnet:

Kurzfristige Preisuntergrenze =

$$\frac{\text{Summe der variablen Kosten}}{\text{Stückzahl}}$$

Wird dagegen die **langfristige Preisuntergrenze** berechnet, ermittelt man den Mindestpreis eines Produktes, der die Stückkosten abdeckt. Damit entspricht die langfristige Preisuntergrenze den Selbstkosten. Dadurch ist sichergestellt, dass sie das Unternehmen über längere Zeit erhalten kann, ohne Verluste oder Gewinne zu erzielen.

Die langfristige Preisuntergrenze wird mit der folgenden Formel berechnet:

Langfristige Preisuntergrenze =

$$\frac{\text{Summe der variablen Kosten} + \text{Fixkosten}}{\text{Stückzahl}}$$

Aufg. 119

Kurzfristige Preisuntergrenze =

$$\frac{\text{Summe der variablen Kosten}}{\text{Stückzahl}}$$

Kurzfristige Preisuntergrenze =

$$\frac{100.000 + 12.000 + 30.000}{20.000} = 7{,}10\,€$$

Die kurzfristige Preisuntergrenze liegt bei 7,10 €.

Wenn die Produkte mindestens zu diesem Stückpreis verkauft werden, sind die variablen Kosten gedeckt.

	Langfristige Preisuntergrenze = $\dfrac{\text{Summe der variablen Kosten + Fixkosten}}{\text{Stückzahl}}$ Langfristige Preisuntergrenze = $\dfrac{(100.000 + 12.000 + 30.000) + (20.000 + 80.000)}{20.000} = 12{,}10\,€$ Die langfristige Preisuntergrenze beträgt 12,10 €. Um alle Gesamtkosten pro Stück zu decken, muss Indus GmbH ihre Produkte mindestens zu diesem Preis verkaufen.
Aufg. 120	a) 5, b) 2, c) 1, d) 6, e) 3, f) 4
Aufg. 121	3
Aufg. 122	3
Aufg. 123	3, 2, 4, 6, 5, 1
Aufg. 124	Die Eigenkapitalrentabilität gibt die Rendite des eingesetzten Eigenkapitals an. Sie ergibt sich aus dem Verhältnis von Gewinn und Eigenkapital und wird üblicherweise in Prozent angegeben. Eigenkapitalrentabilität (in Prozent) = $\dfrac{\text{Gewinn}}{\text{Eigenkapital}}$ Mit der Gesamtkapitalrentabilität wird die Verzinsung des im Unternehmen eingesetzten Kapitals ermittelt. Dabei wird sowohl das Eigen- als auch Fremdkapital berücksichtigt. Gesamtkapitalrentabilität (in Prozent) = $\dfrac{(\text{Gewinn + Fremdkapitalzinsen})}{\text{Gesamtkapital}} \cdot 100$
Aufg. 125	4
Aufg. 126	5
Aufg. 127	1

Aufg. 128	Bezugskosten werden als Anschaffungsnebenkosten gesondert erfasst auf dem Konto Warenbezugskosten.
Aufg. 129	a) Rücksendungen an Lieferanten b) Nachlässe von Lieferanten c) Lieferantenboni d) Lieferantenskonti
Aufg. 130	18.900,00 € · 0.98 = 18.522,00 € (Skonto beträgt 378,00 €)
Aufg. 131	Es handelt sich um Vertriebskosten, die dem Kunden im Verkauf buchhalterisch direkt als Warenverkauf berechnet werden.
Aufg. 132	a) Rücksendungen von Kunden b) Kundenskonti
Aufg. 133	4
Aufg. 134	a) 3, b) 1, c) 5, d) 4, e) 2
Aufg. 135	4
Aufg. 136	2
Aufg. 137	2
Aufg. 138	2
Aufg. 139	1
Aufg. 140	4
Aufg. 141	1
Aufg. 142	3
Aufg. 143	3

C   Prozessorientierte Organisation von Großhandelsgeschäften – LÖSUNGEN

Aufg. 144	a) Binnenschifffahrt b) Eisenbahn (Binnenschifffahrt nicht möglich) c) Luftfracht)

	d) Lkw
	e) Post bzw. Paketdienst
Aufg. 145	a) Gewerblicher Güterkraftverkehr
	b) Seeschifffahrt
	c) Luftfracht
	d) Kurier-, Express- und Paketdienste
Aufg. 146	1
Aufg. 147	→ Verkehrsstörungen auf der Route
	→ Ungünstige Witterungsbedingungen
	→ Personelle Probleme oder Engpässe
	→ Kundenwünsche hinsichtlich der Anlieferungszeit
	→ Notwendigkeit spezieller Fahrzeugtypen
	→ Gesetzliche Vorgaben zu Lenk- und Ruhezeiten
Aufg. 148	Lieferschein. Er enthält
	→ Anschrift des Empfängers
	→ Lieferscheinnummer
	→ zugestellte Warenart und Warenmenge
	→ Lieferdatum
Aufg. 149	Vorteile Eigentransporte:
	→ Bessere Koordination
	→ Schnellere Verteilung von Waren
	→ Eigene Werbung auf Fahrzeugen
Aufg. 150	Ökonomische Ziele:
	→ Just-in-time-Lieferung spart Lagerkapazitäten, Transport über den Seeweg zum Sparen von Kosten
	Ökologische Ziele:
	→ Lieferhäufigkeit wird gesenkt, Kapazitäten der Lieferanten werden voll ausgenutzt, bei der Auswahl der Lieferart werden die Auswirkungen auf die Umwelt als Kriterium herangezogen
	Soziale Ziele
	→ Es werden Lieferanten ausgewählt, die sichere und faire Arbeitsbedingungen garantieren

Aufg. 151	2
Aufg. 152	4
Aufg. 153	Vorteile Seefracht: → Kostengünstiger → Höheres Transportvolumen möglich → Umweltfreundlicher (CO_2-Bilanz) Vorteile Luftfracht: → Schneller → Höhere Streckendichte → Zuverlässigere Einhaltung von Lieferterminen → Optimierung von Lagerzeiten und Verringerung der Kapitalbindung
Aufg. 154	a) 3, b) 1, c) 2, d) 4
Aufg. 155	1
Aufg. 156	a) Gütertransport durch unternehmenseigene Fahrzeuge zu unternehmenseigenen Zwecken b) Selbstständige Kaufleute, die gewerbsmäßig Güter befördern (§ 407 ff. HGB) c) Der Frachtführer muss den Gütertransport zu einem bestimmten Ort innerhalb der vereinbarten Zeit durchführen. d) Der Frachtführer hat die Weisungen des Absenders so lange zu befolgen, wie die Ware noch nicht an den Empfänger ausgehändigt worden ist. e) Der Frachtführer haftet für verschuldeten Verlust, Beschädigung und Lieferfristüberschreitung. f) Der Frachtführer kann die Ausstellung eines Frachtbriefs und die Übergabe der erforderlichen Warenbegleitpapiere verlangen. g) Der Frachtführer hat Anspruch auf Zahlung der vereinbarten Fracht und Erstattung sonstiger Auslagen. h) Der Frachtführer hat ein Recht an dem beförderten Gut wegen aller durch den Frachtvertrag begründeten Forderungen.

Aufg. 157	a) 5, b) 3, c) 4, d) 1, e) 6, f) 2
Aufg. 158	a) Das Tochterunternehmen der Deutschen Bahn, DB Schenker Rail Deutschland AG, verschickt Einzelstücke mehrerer Versender zusammen als Wagenladung an einen Empfangsspediteur (Sammelladung). Dieser Empfangsspediteur liefert die Einzelstücke an die verschiedenen Empfänger weiter.
	b) Besonders eilige handliche Sendungen bis 20 kg können mit Intercityzügen befördert werden. Die Sendungen können bis 30 Minuten vor Abfahrt des Intercityzuges am Gepäckschalter abgegeben werden. Der Absender kann die Sendung aber auch unmittelbar am Zug abliefern.
	c) Diese Güterverkehrsart wird beim Versand großer Warenmengen gewählt. Sie eignet sich vor allem für Massengüter (Holz, Kohle, Öl, Erze usw.). Die Verladung erfolgt durch den Absender auf Freiladegleisen des Güterbahnhofs oder auf eigenen Anschlussgleisen.
	d) Bei dieser Güterverkehrsart werden Versendern, die über einen eigenen Gleisanschluss verfügen, von der DB Schenker AG einzelne Güterwagen zur Verfügung gestellt.
	e) Bei dieser Güterverkehrsart werden beim Versender vollständige Züge in der Regel mit Massengütern beladen. Ganzzüge sind komplette Güterzüge von bis zu 700 m Länge und einer Bruttolast von bis zu 5 400 t. Meist fahren sie direkt vom Gleisanschluss des Versenders zum Gleisanschluss des Empfängers.
	f) In diesem Verkehr befördert die Bahn Großcontainer und Straßenfahrzeuge des Güterverkehrs.
Aufg. 159	a) KEP steht im Deutschen für Kurier-, Express- und Paketdienst und ist ein Begriff für den Transport von Stückgütern mit einem verhältnismäßig geringen Gewicht und Volumen. Diese Art von Dienstleistung wird von Logistik- und Postunternehmen angeboten und unterscheidet sich von herkömmlichen Versan

darten. Neben Gewicht und Volumen sind die Geschwindigkeit des Güterversandes und die angebotenen Dienstleistungen ausschlaggebend.

b) Tracking and Tracing ist der Fachbegriff für die Sendungsverfolgung: Mit der Sendungsverfolgung können versendete Stückgüter auf jeder Stufe der Logistikkette verfolgt werden.

Aufg. 160	→ Überwachung der Fahrzeuge → Frühzeitiges Reagieren auf Staus und streckenspezifische Gegebenheiten → Mitteilung an Kunden über Verzögerungen möglich
Aufg. 161	5
Aufg. 162	→ Spediteur übernimmt die Organisation → Spediteur bietet zusätzlichen Service an (Zwischenlagerung, Versicherungen, Zollanmeldungen, etc.)
Aufg. 163	→ Preis → Flexibilität → Zuverlässigkeit → Nachhaltigkeit → Verfügbarkeit eines eigenen Fuhrparks → Erfahrung bei der Abwicklung (internationaler) Geschäfte → Spezielle Warenkenntnisse vorhanden
Aufg. 164	a) Selbstständige Kaufleute, die auf Rechnung des Versenders die Güterversendung durch Frachtführer besorgen. b) Der Spediteur hat Anspruch auf Ersatz der Auslagen und Provisionen. c) Der Spediteur kann selbst als Frachtführer und Lagerhalter auftreten. d) Der Spediteur kann das in seinem Besitz befindliche Transportgut zurückhalten, wenn der Auftraggeber mit seinen Leistungen im Verzug ist.

	e) Er ist der „verlängerte Arm" der Eisenbahn. Er holt die Stückgüter vom Absender zum Versandbahnhof und bringt die Stückgüter vom Empfangsbahnhof zum Empfänger.
	f) Er befasst sich mit der Transportvermittlung im Binnenschifffahrtsverkehr und mit der Umschlagstätigkeit vom Binnenschiff auf das Land und umgekehrt.
	g) Er ist kein Frachtführer, sondern Transportvermittler. Vielfach hat er sich jedoch einem Unternehmen des Güterkraftverkehrs angegliedert.
	h) Er erledigt die Transportvermittlung im Überseegeschäft.
	i) Er vermittelt den Abschluss von Luftfrachtverträgen zwischen Auftraggeber und Luftverkehrsgesellschaften.
	j) Er erledigt hauptsächlich Zollformalitäten beim Ex- und Import über die „trockene Grenze".
	k) Er sammelt Stückgüter zahlreicher Kunden und expediert sie jeweils als Sammelladung per Eisenbahn oder mit Unternehmen des gewerblichen Güterkraftverkehrs.
Aufg. 165	2
Aufg. 166	Vorteile: → Reduzierung der eigenen Transport- und Logistikzeiten bzw. -kosten → Anderweitige Nutzung der Lagerkapazitäten Nachteile: → Kein direkter Einfluss auf die ordnungsgemäße Verpackung der Ware → Keine Durchführung von Qualitätskontrollen möglich
Aufg. 167	Wenden Lieferer und Kunden das Just-in-time-Prinzip an, erfolgt der Warenfluss vom Lieferer zum Abnehmer ohne von Lagerhaltungsprozessen unterbrochen zu sein: Die Ware wird entsprechend den Kundenwünschen bezüglich

Lieferservice, Preis und Qualität zeitgenau vom Lieferer zur Verfügung gestellt. Bei der Verwirklichung des Just-in-time-Prinzips können verschiedene Methoden angewandt werden:

--> verbrauchssynchrone Anlieferung
--> Zusammenlegung der Lager
--> Verlagerung der Lagerung auf die Transportmittel
--> Integrierte Warenwirtschaftssysteme: Die Warenwirtschaftssysteme der Unternehmen der unterschiedlichen Wirtschaftsstufen werden miteinander verknüpft.

Aufg. 168

Supply-Chain-Management umfasst die optimale Gestaltung des Informations- und Warenflusses zur Leistungserstellung von Erzeugnissen (Leistungen) im gesamten Logistiknetzwerk, vom Lieferanten des Lieferanten bis zum Kunden des Kunden unter Verwendung geeigneter Planungs- und Kommunikationstechnologien.

Das Supply-Chain-Management hat die Aufgabe, entlang der logistischen Kette partnerschaftliche Wettbewerbsvorteile für alle Beteiligten zu realisieren. Die Wettbewerbsvorteile können dabei im Wesentlichen auf Kostenreduktion entlang der Supply-Chain und/oder Verbesserungen des (End-)Kundenservices beruhen.

Vorteile:

--> Kostenreduktion durch die verbesserte Abstimmung der Produktions- und Distributionspläne zwischen den Prozessbeteiligten
--> Zeitersparnis durch Reduktion der Durchlaufzeiten
--> Erhöhung der Kundenzufriedenheit z. B. durch verbesserte Termintreue.

Aufg. 169

Jeder handelsüblichen Mengen- oder Verpackungseinheit wird beim Hersteller eine eigene Nummer zugeordnet, die den Artikel bis zum Endverbraucher begleitet. Sie ermöglicht auf allen Handelsstufen eine artikelbezogene Datenverarbeitung.

Die aus 13 Ziffern bestehende GTIN ist folgendermaßen aufgebaut:

Länderkennzeichen	international location number					individuelle Artikelnummer des Herstellers				Prüfziffer
4 0	1	2	3	4	5	0	0	3	1 5	4
GS1 Germany	FRANZ SCHUSTER KG Travestraße 20 23570 Lübeck					Lübecker Edelmarzipan Geschenkpackung 100 g				99 % Sicherheit

Aufg. 170

a) Kfz-Versicherung (Sachversicherung)

b) Warenkreditversicherung (Vermögensversicherung)

c) Leitungswasserversicherung (Sachversicherung)

d) Schwachstromanlagenversicherung (Sachversicherung)

e) Vertrauensschadensversicherung (Vermögensversicherung)

f) Private Unfallversicherung (Personenversicherung)

g) Einbruchdiebstahlversicherung (Sachversicherung)

h) Feuerversicherung (Sachversicherung)

i) Betriebsunterbrechungsversicherung (Vermögensversicherung)

j) Rechtsschutzversicherung (Vermögensversicherung)

Aufg. 171

Eine Großhandlung benötigt folgende Versicherungen:

--> Feuerversicherung
--> Leitungswasserversicherung
--> Einbruch-Diebstahl-Versicherung
--> Sturmversicherung
--> Schwachstromanlagenversicherung
--> Glasversicherung
--> Transportversicherung

Aufg. 172 5

Aufg. 173 1, 4, 3, 5, 2

Aufg. 174 3

Aufg. 175 2

Aufg. 176 6

Aufg. 177	a)	Veredelung
	b)	Pflege
	c)	Umformung
	d)	Ausnutzung von Preisvorteilen
	e)	Zeitüberbrückung
	f)	Sicherung der Verkaufsbereitschaft
	g)	Spekulation
	h)	Schutz der Ware
	i)	räumlicher Ausgleich
Aufg. 178	a)	Eigenlager
	b)	Fremdlager
	c)	zentrales Lager
	d)	dezentrales Lager
	e)	Vorratslager
	f)	Umschlagslager
	g)	Freilager
	h)	Flachlager
	i)	Etagenlager
	j)	Hochflachlager
	k)	Hochregallager
	l)	Reservelager

Aufg. 179

→ Übersichtlichkeit: Zur schnellen Wareneinlagerung und -entnahme muss man im Lager die Übersicht behalten können.

→ Geräumigkeit: Für eine effektive Lagerung muss für Kunden, Personal und Fördermittel ausreichend Bewegungsspielraum vorhanden sein.

→ Artgerechte Lagerung: Die Lagerung muss den jeweiligen speziellen Anforderungen der Ware entsprechen (Ware sollte also je nach ihrer Beschaffenheit geschützt werden vor Licht, Feuchtigkeit, Wärme usw.)

	→ Sachgerechte Lagereinrichtung: Um den Aufgaben der Lagerhaltung nachzukommen, sollten technische Einrichtungen und andere Hilfsmittel (z. B. Regale, Gabelstapler usw.) verwendet werden, die das Lagern der Ware erleichtern. → Sicherheit: Die Lagerräume müssen so gestaltet sein, dass es einerseits zu keinen Unfällen kommen kann, andererseits die Ware vor Risiken geschützt ist.
Aufg. 180	a) Feuchtigkeit/Licht b) Feuchtigkeit c) Austrocknung/Geschmacksverlust/Geschmacksübertragung d) Wärme/Schädlinge e) Austrocknung f) Wärme/Licht g) Feuchtigkeit
Aufg. 181	optimalen – Kostengründen – Lieferbereitschaft – negative – bindet – totes – Lagerkosten –Niedrige – Kundenverluste – Gewinn – Mengenrabatte
Aufg. 182	Kosten für die Lagerbestände → Zinsen für das in den Lagerbeständen gebundene Kapital → Prämien für die Versicherung der Lagerbestände → Wertminderung der Warenvorräte durch Diebstahl, Schwund, Veralten und Verderb Kosten für die Lagerverwaltung → Löhne und Gehälter des Lagerpersonals → Büromaterial für die Lagerverwaltung Kosten für die Lagerausstattung → Raumkosten → Instandhaltung, Strom, Heizung → Abschreibungen auf Gebäude und Einrichtungen → Verzinsung des Kapitals, das in Gebäude und Einrichtung investiert wurde
Aufg. 183	4

Aufg. 184	3
Aufg. 185	3
Aufg. 186	Richtig: 1, 4, 5, 7, 8, 10 Falsch: 2, 3, 6, 9
Aufg. 187	$(40 \cdot 10) + 120 = 520$ Der Meldebestand beträgt 520 Stück.
Aufg. 188	5
Aufg. 189	4
Aufg. 190	1
Aufg. 191	5
Aufg. 192	Richtig: 1, 2, 4, 6, 7, 8, 11 Falsch: 3, 5, 9, 10, 12
Aufg. 193	durchschnittlicher Lagerbestand = (900.000,00 + 1.300.000,00) /2 = 1.100.000,00 €
Aufg. 194	durchschnittlicher Lagerbestand = (12 + 10 + 20 + 14 + 10 + 12 + 16 + 12 + 10 + 18 + 16 + 14 + 18) / 13 = 14 Stück
Aufg. 195	Lagerumschlagshäufigkeit = 490.000,00 / 70.000,00 = 7
Aufg. 196	Im Rahmen der Kommissionierung erledigt ein Großhändler Kundenaufträge: Er stellt die vom Kunden benötigten Waren aus mehreren Lagerorten zusammen.
Aufg. 197	Beim seriellen Kommissionieren wird ein Kundenauftrag nach der Reihe der Kommissionierpositionen von einem Kommissionierer abgearbeitet. Beim parallelen Kommissionieren wird der Kundenauftrag in mehrere Teilaufträge zerlegt, wobei der Lagerort als Zerlegungskriterium gilt. Die einzelnen Teilaufträge werden von unterschiedlichen Kommissionierern erledigt und hinterher wieder zusammengeführt.

Aufg. 198	Beim Kommissionierprinzip „Mann zur Ware" geht der Kommissionierer zu den Lagerplätzen und entnimmt die jeweilige Artikelmenge. Der gegenteilige Fall liegt beim Kommissionierprinzip „Ware zum Mann" vor: Die Artikel werden in Behältern oder Paletten aus dem Lager zum Kommissionierer gebracht, der die benötigten Teilmengen erhält.
Aufg. 199	Ein Lagerhalter übernimmt gewerbsmäßig die Lagerung und Aufbewahrung von Gütern. Er ist Kaufmann und schließt mit dem Einlagerer einen Lagervertrag ab.
Aufg. 200	Vorteile für Fremdlagerung durch Lagerhalter: → Lagerrisiko wird auf Lagerhalter übertragen → Investitions- und Lagerkosten werden auf Lagerhalter übertragen → Lagerkapazitäten können schnell und anforderungsgerecht angepasst werden → Lagerhalter können zusätzliche Dienstleistungen, wie z. B. Organisation, Warenpflege oder Warensicherung übernehmen Vorteile Optimierung der eigenen Lagerhaltung: → Kostengünstiger, da keine zusätzlichen Kosten für Fremdlagerung anfallen → Direkter Zugriff auf die Produkte im Bedarfsfall → Kontinuierliche Lager- und Warenkontrollen einfacher umsetzbar → Eigene Qualitätsansprüche lassen sich langfristig besser umsetzen und überprüfen
Aufg. 201	Entweder mit dem Lagerempfangsschein oder einem Lagerschein (je nach Wunsch des Einlagerers) bescheinigt der Lagerhalter die Einlagerung der Ware. Der Lagerempfangsschein ist in erster Linie eine Quittung, mit der der Lagerhalter den Empfang der Ware bescheinigt.

Aufg. 202	Wenn ein Großhändler vor der Frage steht, ob er eine Eigen- oder Fremdlagerung von Gütern vornehmen soll, führt er eine Kostenvergleichsrechnung durch. Dabei ermittelt er die kritische Lagermenge: Das ist die Lagermenge, bei der die Kosten der Eigenlagerung und Fremdlagerung genau gleich sind. Wenn man in einer Tabelle die Kosten der Eigenlagerung denen der Fremdlagerung gegenüberstellt, ergibt sich die kritische Lagermenge von 2 t. Bei einer geringeren Menge lohnt sich die Fremdlagerung; bei einer größeren Menge ist die Eigenlagerung vorzuziehen.

Begründung:

→ Bei 1 t betragen die Gesamtkosten der Eigenlagerung (setzen sich zusammen aus 50.000,00 € fixen Kosten und 25.000,00 € variablen Kosten) 75.000,00 €. Die Kosten der Fremdlagerung betragen 50.000,00 €.

→ Bei 2 t betragen die Gesamtkosten der Eigenlagerung (setzen sich zusammen aus 50.000,00 € fixen Kosten und 50.000,00 € variablen Kosten) 100.000,00 €. Die Kosten der Fremdlagerung betragen 100.000,00 €. Hier sind die Kosten der Eigen- und Fremdlagerung gleich: Die kritische Lagermenge ist erreicht.

→ Bei 3 t betragen die Gesamtkosten der Eigenlagerung (setzen sich zusammen aus 50.000,00 € fixen Kosten und 75.000,00 € variablen Kosten) 125.000,00 €. Die Kosten der Fremdlagerung betragen 150.000,00 €.

Aufg. 203	Festplatzsystem: Jedem Lagergut wird ein fester Lagerplatz zugeordnet. Eine bestimmte Ware ist also immer am gleichen Lagerort zu finden. Die Platzgröße des Lagerplatzes wird durch den Höchstbestand bestimmt.

	Die chaotische Lagerplatzzuordnung besagt: Es gibt keine festen Lagerplätze für bestimmte Artikel, weil eingehende Ware mithilfe der EDV gerade frei gewordenen Lagerplätzen zugewiesen wird. Wenn es einem Großhändler um die Optimierung der Lagerflächen bzw. der Lagerkapazität geht, wird er sich für die chaotische Lagerplatzzuordnung entscheiden. Da es hier keine festen Lagerplätze für Artikel gibt, braucht nicht jeweils Platz für den Höchstbestand vorgehalten werden.
Aufg. 204	Im Rahmen eines Verbrauchsfolgeverfahrens wird die Reihenfolge der Waren bei den Einlagerungs- und Auslagerungsprozessen im Lager festgelegt:
	⇢ Bei der Fifo-Methode (first in – first out) wird die zuerst eingelagerte Ware auch zuerst wieder ausgelagert. Diese Methode wird z. B. fast immer bei Lebensmitteln angewandt.
	⇢ Bei der Lifo-Methode wird die zuletzt eingelagerte Ware zuerst wieder ausgelagert. Dies ist z. B. bei Schüttgütern wie Kohle, Sand, Getreide der Fall.
Aufg. 205	⇢ Warenannahme und Eingangskontrolle
	⇢ Warenpflege
	⇢ Warenmanipulation
	⇢ Innerbetrieblicher Transport
	⇢ Physische Lagerführung
	⇢ Kommissionierung
Aufg. 206	⇢ nur einwandfreie Ware in die Warenträger bringen
	⇢ Ware ständig auf Beschädigungen prüfen
	⇢ beschädigte oder verdorbene Ware aussortieren
	⇢ Ware nur in der angemessenen Sauberkeit anbieten
	⇢ Ware reinigen bzw. entstauben
	⇢ Ware auf Überschreitung des Verfalldatums überprüfen und evtl. aussortieren
	⇢ Ware auf korrekte Preisauszeichnung überprüfen

Aufg. 207	Diebstahl: Angemessene Verriegelung der Lagerhalle, Überwachungskameras installieren
	Personenschäden: Gefahrenschilder aufstellen, Arbeitsschutzausrüstung tragen
	Stromschlag: Überprüfung der Elektrogeräte, Schulungen
	Witterungsbedingter Verschleiß: Trockene und geschlossene Lagerplätze, sachgerechte Lagerung
Aufg. 208	3
Aufg. 209	4
Aufg. 210	4
Aufg. 211	2
Aufg. 212	5
Aufg. 213	Vorteile für Befragung durch eigenen Außendienst:
	→ Außendienst kann individuellere (Nach-)Fragen stellen
	→ Außendienst kann einen persönlichen Kontakt und eine potenziell langfristige Bindung aufbauen
	→ Außendienst kann direkt verkaufsaktiv werden
	→ Außendienst kann in der Regel qualitativ hochwertigere Informationen gewinnen
	Vorteile für Befragung durch externes Dienstleistungsunternehmen:
	→ Dienstleistungsunternehmen hat in der Regel mehr Erfahrungen mit Befragungen
	→ Dienstleistungsunternehmen agiert in der Regel rechtssicherer
	→ Es wird kein eigenes Personal gebunden
	→ Dienstleistungsunternehmen verfügt ggf. über qualifiziertere Kontakte in der Zielgruppe
Aufg. 214	5
Aufg. 215	3
Aufg. 216	5

Aufg. 217	4
Aufg. 218	5
Aufg. 219	3
Aufg. 220	4
Aufg. 221	5
Aufg. 222	1
Aufg. 223	1
Aufg. 224	5
Aufg. 225	4
Aufg. 226	2
Aufg. 227	3
Aufg. 228	4
Aufg. 229	2
Aufg. 230	4
Aufg. 231	a) 3, b) 4, c) 5, d) 7, e) 6, f) 8, g) 1, h) 2
Aufg. 232	2, 4
Aufg. 233	4
Aufg. 234	1
Aufg. 235	a) 4, b) 3, c) 7
Aufg. 236	5
Aufg. 237	Die Kombination der unterschiedlichen Marketinginstrumente zur Erreichung der Unternehmensziele
Aufg. 238	Produktpolitik: ⇢ Auswahl von geeigneten und zukunftsfähigen Produkten ⇢ Anpassung der Produkte an die Bedürfnisse der Konsumenten ⇢ Bildung von Produktgruppen

	Preispolitik
	→ Strategieauswahl (z. B. Hochpreisstrategie) → Langfristigen Plan für Preisentwicklung aufstellen → Planung und Durchführung von Aktionsangeboten Kommunikationspolitik
	→ Tag der offenen Tür mit Führungen anbieten → Gestaltung eines Messestands, um Fachpublikum zu erreichen → Entwerfen von TV-Werbespots Distributionspolitik
	→ Vertrieb der Produkte durch Einzelhändler → Versand der Produkte an eigene Filialen → Belieferung der Kunden
Aufg. 239	Marketingmaßnahmen werden dann erfolgreich sein, wenn sie systematisch und sorgfältig geplant, durchgeführt und anschließend kontrolliert werden. Dieses Vorgehen wird durch konsequentes Aufstellen eines Marketingkonzepts unterstützt. Das Marketingkonzept enthält alle für eine Marketingmaßnahme wichtigen Informationen.
Aufg. 240	Ziel des Gesetzes gegen den unlauteren Wettbewerb (UWG) ist es, unfaires Verhalten von Unternehmen, die gegen die guten Sitten im Geschäftsleben verstoßen, zu unterbinden.
Aufg. 241	Die Generalklausel ist allgemein formuliert. Sie verbietet grundsätzlich alle unlauteren geschäftlichen Handlungen, soweit es sich um keine Bagatellfälle handelt.
Aufg. 242	Enthält Schwarze Liste (zusätzliche konkrete Auflistung stets unzulässiger Wettbewerbshandlungen) Verbot von: → unzumutbare Belästigungen → Mondpreiswerbung → Lockvogelwerbung → vergleichender Werbung → irreführender Werbung

Aufg. 243	a) Aftersales-Services
	b) Customer-Relationship-Management
	c) technische Serviceleistungen
	d) kaufmännische Serviceleistungen
	e) One-to-One-Marketing
	f) Kundenkarte
	g) Kundenklub
	h) Kundenzeitschriften
	i) Couponing
Aufg. 244	Warenbezogene Dienstleistungen von Großhandelsbetrieben sind z. B.:
	⇢ Produktberatung und Produktinformation
	⇢ Gebrauchsanleitungen
	⇢ Aufstellen und Inbetriebnahme von technischen Geräten
	⇢ Garantiegewährung, Reparaturservice
	⇢ Inspektions- und Wartungsservice
	⇢ Ersatzteildienst
	⇢ Ersatzbereitstellung im Falle von Reparatur und Wartung
	⇢ Warenmanipulation
	Nicht warenbezogene Dienstleistungen, die von Großhandelsbetrieben angeboten werden können, sind z. B.:
	⇢ Übernahme von betrieblichen Funktionen der Kunden (Rechnungswesen, Werbung usw.)
	⇢ Überlassung von EDV-Kapazitäten
	⇢ Unternehmensberatung
	⇢ Personalschulung
	⇢ Finanzierungshilfen
Aufg. 245	4

Aufg. 246	Die Prüfung der Kunden unter Ergebnisaspekten und die anschließende Entscheidung, zu welchen potenziellen Kunden Geschäftsbeziehungen aufgenommen werden, wird als Kundenselektion bezeichnet. Der Kreis der möglichen Abnehmer wird damit eingeengt. Ziel der Kundenselektion ist die Bestimmung einer Zielgruppe unter Ausschluss unrentabler Kunden. Die Marketingaktivitäten werden dann gezielt auf die gewinnversprechenden Kunden gelenkt.
Aufg. 247	Kaufprozess – Kaufabwicklung – Konversionsrate – Käufer/-innen – Besucher/-innen – Usability – Benutzerfreundlichkeit – komfortable Bedienung
Aufg. 248	Die Konversionsrate beträgt 2 %.
Aufg. 249	a) 3, b) 4, c) 5, d) 6, e) 7, f) 8, g) 9, h) 10 i) 11 j) 2 k) 1
Aufg. 250	Beim nettopreisbezogenen Preisstellungssystem wird der Großhandelsverkaufspreis für die Abnehmer nachvollziehbar gebildet, indem zum Bezugspreis des Großhandelsbetriebes ein Kosten- und Gewinnzuschlag addiert wird. Von diesem Preis werden den Abnehmern keine Rabatte mehr gewährt. Beim Bruttopreissystem werden den Abnehmern dagegen auf einen Bruttopreis Rabatte unterschiedlicher Höhe gewährt.
Aufg. 251	Bei der räumlichen Preisdifferenzierung wird die gleiche Ware an verschiedenen Orten zu verschiedenen Preisen angeboten. Bei der personellen Preisdifferenzierung wird die gleiche Ware unterschiedlichen Kundengruppen zu unterschiedlichen Preisen angeboten. Bei der zeitlichen Preisdifferenzierung wird die gleiche Ware oder Dienstleistung zu verschiedenen Zeiten zu unterschiedlichen Preisen angeboten. Bei der mengenmäßigen Preisdifferenzierung wird bei Abnahme größerer Mengen einer Ware ein günstigerer Preis gewährt.

Aufg. 252	Bezugspreis (Einstandspreis)	300,00 €
	+ Handlungskostenzuschlag	150,00 €
	= Selbstkostenpreis	450,00 €
	+ Gewinnzuschlag	90,00 €
	= Barverkaufspreis	540,00 €
	+ Kundenskonto	11,02 €
	= Zielverkaufspreis	551,02 €
	+ Kundenrabatt	183,67 €
	= Listenverkaufspreis, netto	734,69 €

Aufg. 253

a)

Bezugspreis (Einstandspreis)	100,00 €
+ Handlungskostenzuschlag	30,00 €
= Selbstkostenpreis	130,00 €
+ Gewinnzuschlag	26,00 €
= Barverkaufspreis	156,00 €
+ Kundenskonto	3,18 €
= Zielverkaufspreis	159,18 €
+ Kundenrabatt	39,80 €
= Listenverkaufspreis, netto	198,98 €

Der Kalkulationszuschlag beträgt somit 99,98 %.

b) Der Listenverkaufspreis netto beträgt dann 39,79 €.

$0,9898 \cdot 20 = 19,79$

$20 + 19,79 = 39,79$

Aufg. 254

$E(x) = 300,00 \text{ €/St.} \cdot x$

$K(x) = 240,00 \text{ €/St.} \cdot x + 18.000,00 \text{ €}$

E=K also: $300,00 \text{ €/St.} \cdot x = 240,00 \text{ €/St.} \cdot x + 18.000,00 \text{ €}$

$60,00 \text{ €/St.} \cdot x = 18.000,00 \text{ €}$

$x = 300 \text{ St.}$

Aufg. 255		
	Nettoverkaufspreis	25,00 €
	− 10 % Rabatt	2,50 €
	= Barverkaufspreis	22,50 €
	− Bezugspreis	10,50 €
	− Variable Handlungskosten	3,00 €
	= Deckungsbeitrag pro Pullover	9,00 €

Aufg. 256

Langfristige Preisuntergrenze:

$500,00 € + (500,00 € \cdot 0,1) = 500,00 € + 50,00 € = 550,00 €$

Kurzfristige Preisuntergrenze:

$500,00 € + (500,00 € \cdot 0,1 \cdot 0,05) = 500,00 € + 2,50 € = 502,50 €$

Aufg. 257

Rechtsgeschäfte entstehen durch eine oder mehrere Willenserklärungen. Willenserklärungen sind gewollte und zwangsfreie Erklärungen einer Person.

Aufg. 258

Einseitige Rechtsgeschäfte entstehen durch die Willenserklärung nur einer Person:

→ Empfangsbedürftige Willenserklärungen sind z. B. Kündigungen, Mahnungen, Bürgschaften. Sie sind erst dann wirksam, wenn sie einer anderen Person zugehen.

→ Nicht empfangsbedürftige Willenserklärungen sind z. B. Testamente. Sie sind gültig, ohne dass sie einer anderen Person zugehen.

Verträge sind mehrseitige Rechtsgeschäfte. Sie kommen grundsätzlich durch die Abgabe von zwei übereinstimmenden gültigen Willenserklärungen zustande: Die 1. Willenserklärung wird als Antrag, die 2. Willenserklärung als Annahme bezeichnet. Mit der Annahme des Antrags ist ein Vertrag abgeschlossen.

Aufg. 259

Vertragsfreiheit bedeutet, dass die Vertragspartner Abschluss wie auch Inhalt eines Vertrages frei gestalten können (Abschluss- und Gestaltungsfreiheit). Die Vertragsfreiheit findet ihre Grenzen u. a. in den allgemeinen Verboten der Gesetzwidrigkeit und der Sittenwidrigkeit sowie in zwingenden gesetzlichen Vorschriften des Verbraucherschutzes.

Aufg. 260	a)	Nichtige Willenserklärungen sind von Anfang an ungültig.
	b)	→ Geschäftsunfähigkeit → beschränkte Geschäftsfähigkeit → Zustand der Bewusstlosigkeit → Scherzgeschäft → Scheingeschäft → sittenwidrige Rechtsgeschäfte → Fehlen der vorgeschriebenen Form → Verstoß gegen gesetzliches Verbot
	c)	Anfechtbare Willenserklärungen können im Nachhinein durch Anfechtung ungültig werden. Bis zur Anfechtung sind sie gültig.
	d)	→ Irrtum in der Erklärung → Irrtum in der Eigenschaft einer Person oder Sache → Irrtum in der Übermittlung, widerrechtliche Drohung → arglistige Täuschung
Aufg. 261	a)	Die Willenserklärung ist anfechtbar. Es liegt ein Irrtum in der Erklärung vor.
	b)	Die Willenserklärung ist anfechtbar. Die kaufende Person wurde arglistig getäuscht.
	c)	Die Willenserklärung ist nichtig, da sie gegen den Willen des gesetzlichen Vertreters des beschränkt geschäftsfähigen Louis abgegeben wurde.
	d)	Das Rechtsgeschäft ist nichtig. Es wurde nicht in der vorgeschriebenen schriftlichen Form abgeschlossen.
	e)	Der falsch kalkulierte Preis ist gültig. Ein Kalkulationsfehler gilt nicht als Irrtum, der zur Anfechtung einer Willenserklärung berechtigt.
	f)	Das Rechtsgeschäft ist gültig, auch wenn der Kaufpreis nicht dem Wert des Hauses entspricht.
Aufg. 262	4	
Aufg. 263	1	
Aufg. 264	4	

Aufg. 265	2
Aufg. 266	Der Erfüllungsort ist der Ort, an dem der Schuldner seine Leistung zu erbringen hat.
Aufg. 267	Gesetzliche Regelung: Wenn zwischen Käufer und Verkäufer keine vertragliche Regelung getroffen wurde, ist der Erfüllungsort der Wohn- oder Geschäftssitz des jeweiligen Schuldners (= gesetzlicher Erfüllungsort).
	Da durch den Abschluss eines Kaufvertrags sowohl der Verkäufer als auch der Käufer Leistungsverpflichtungen übernommen haben, gibt es auch zwei Erfüllungsorte:
	→ Der Verkäufer schuldet dem Käufer die ordnungsgemäße Lieferung der Ware (= Warenschulden). Deshalb ist der Erfüllungsort für die Warenlieferung der Wohn- oder Geschäftssitz des Verkäufers.
	→ Der Käufer schuldet dem Verkäufer die fristgerechte Zahlung des Kaufpreises (= Geldschulden). Deshalb ist der Erfüllungsort für die Zahlung der Wohn- oder Geschäftssitz des Käufers.
Aufg. 268	Im Rahmen der vertraglichen Regelung können Verkäufer und Käufer Abweichungen von der gesetzlichen Regelung vertraglich vereinbaren. Man spricht dann von einem vertraglichen Erfüllungsort.
Aufg. 269	Lautet die Regelung „unfrei", so trägt der Lieferant die Transportkosten bis zur ersten Versandstation und anschließend der Empfänger. Der Empfänger muss entsprechend alle weiteren Kosten des Haupttransports ab der ersten Versandstation tragen.
Aufg. 270	Der Gerichtsstand ist der Ort, an dem die Vertragsparteien in Konfliktfällen klagen oder verklagt werden können.
	Der gesetzliche Erfüllungsort bestimmt den Gerichtsstand, wenn vertraglich nichts anderes vereinbart wurde. Für Warenschulden ist der Gerichtsstand somit der Geschäfts- oder Wohnsitz des Verkäufers. Für Geldschulden ist der Gerichtsstand der Geschäfts- oder Wohnsitz des Käufers.

	Zwischen Kaufleuten kann der Gerichtsstand abweichend von der gesetzlichen Regelung vertraglich vereinbart werden. Bei Verträgen mit Verbrauchern ist eine vertragliche Vereinbarung, die von der gesetzlichen Regelung abweicht, nicht erlaubt.
Aufg. 271	2
Aufg. 272	Ein Lieferungsverzug oder eine Nicht-rechtzeitig-Lieferung liegt vor, wenn der Verkäufer nicht oder nicht rechtzeitig liefert.

Aufg. 273	→ die Fälligkeit der Lieferung
	→ Mahnung
	  • erforderlich bei nicht bestimmbarem Liefertermin
	  • nicht erforderlich bei:
	    ▪ kalendermäßig bestimmbarem Liefertermin
	    ▪ Selbstinverzugsetzung durch den Lieferer
	    ▪ Fix- oder Zweckkauf
	→ Ein Verschulden des Verkäufers nicht erforderlich bei:
	  • Gattungskauf
	  • Fixkauf

Aufg. 274	→ bei Interesse an einer Lieferung das Bestehen auf der Lieferung und gegebenenfalls Schadensersatz wegen Verzögerung → bei keinem Interesse mehr an einer Lieferung der Rücktritt vom Vertrag und eventuell Schadensersatz wegen der Verzögerung
Aufg. 275	a) falsche Werbeaussagen b) Mangel in der Art c) arglistig verschwiegene Mängel d) offene Mängel e) Mangel in der Güte f) Mangel in der Beschaffenheit g) Sachmangel h) Rechtsmangel i) Montagefehler

	j) Mangel in der Menge
	k) Versteckte Mängel
Aufg. 276	4
Aufg. 277	4
Aufg. 278	4
Aufg. 279	1, 5
Aufg. 280	1
Aufg. 281	2, 3, 4
Aufg. 282	Gewährleistungsfristen sind teilweise abhängig davon, welche Kaufvertragsarten im Hinblick auf die Kaufsache vorliegen.

(Analoge) Waren	Digitale Produkte	Waren mit digitalen Elementen
Rein physische Güter, die einen Gebrauchs- oder Verbrauchswert haben. Beispiele: → Lebensmittel → Textilien	Alle rein digitalen Inhalte und Dienstleistungen, die auf einem Datenträger gespeichert sind oder aus dem Internet geladen werden können. Beispiele: → Computerspiele → Apps → E-Books	Eher körperliche Gegenstände, die aber digitale Inhalte bzw. Dienstleistungen umfassen. Beispiele: → Smartphones → Digitalkameras Abhängig davon, ob die digitalen Elemente für die Funktion des Kaufgegenstandes entscheidend sind, gelten die Gewährleistungsrechte digitaler Produkte oder analoger Waren.

Aufg. 283	Bei einem **zweiseitigen Handelskauf** verkauft ein Unternehmer (z. B. ein Industrieunternehmen) einem anderen Unternehmen (z. B. einem Einzelhandelsunternehmen) eine Ware. Gibt es einen offenen Mangel, so muss unverzüglich gemahnt werden. Ist der Mangel versteckt, muss die Reklamation innerhalb von zwei Jahren erfolgen. Sie muss in diesem Zeitraum jedoch unverzüglich nach Entdeckung erfolgen. Bei arglistig verschwiegenen Mängeln beträgt die Reklamationsfrist drei Jahre.
	Die Reklamationsfristen für den **einseitigen Handelskauf** sind für Kaufleute für Großhandelsmanagement nur in Ihrer Rolle als Privatpersonen und Kunden bzw. Kundinnen wichtig: Hier gilt für offene und versteckte Mängel eine zweijährige Reklamationsfrist (Rügefrist). Für arglistig verschwiegene Mängel beträgt die Rügefrist drei Jahre.
	Zum Schutz von Verbraucherinnen und Verbrauchern gilt im Rahmen des Verbrauchsgüterkaufs bei einseitigen Handelskäufen eine Besonderheit, die **Beweislastumkehr:** Tritt in den ersten zwölf Monaten nach Kauf der Ware ein Mangel auf, geht man davon aus, dass dieser schon bei Lieferung bestand und somit vom Verkäufer verschuldet wurde. Im Streitfall muss der Verkäufer nachweisen, dass die Ware zum Zeitpunkt des Verkaufs mangelfrei war.
Aufg. 284	Eine Kaufsache hat keine Mängel, wenn sie drei Anforderungen gleichzeitig erfüllt:
	1. Subjektive Anforderungen: Die Kaufsache muss dem entsprechen, was im Kaufvertrag hinsichtlich der Beschaffenheit vereinbart ist. Ein subjektiver Mangel ist also gegeben, wenn die Ist-Beschaffenheit der Kaufsache von der im Kaufvertrag festgelegten Soll-Beschaffenheit negativ abweicht.

2. Objektive Anforderungen: Die Kaufsache muss sich für die branchenübliche Verwendung eignen oder eine Beschaffenheit haben, die für Sachen der gleichen Art üblich ist.
Ein objektiver Mangel liegt also vor, wenn die Ware branchenüblichen Anforderungen nicht entspricht.
3. Montageanforderungen:
Diese Anforderungen fallen im Prinzip auch schon unter subjektive und objektive Anforderungen. Sie sind aber vom Gesetzgeber darüber hinaus noch einmal ausdrücklich vereinbart worden.

Ein Kaufgegenstand kann also auch dann mangelhaft sein, wenn er der vereinbarten Beschaffenheit vollständig entspricht (und damit die subjektiven Anforderungen erfüllt). Dies wäre etwa der Fall, wenn die Beschaffenheit dem Vereinbarten entspricht, die Sache sich jedoch nicht für eine gewöhnliche Verwendung eignet (also nicht den objektiven Anforderungen entspricht).

Aufg. 285

Die Kaufsache muss folgenden objektiven Anforderungen entsprechen:

→ Sie enthält das Zubehör einschl. der Montage- und Bedienungsanleitungen, die für die Nutzung erforderlich sind und die erwartbar sind.
→ Sie entspricht einem vorgegebenen Muster oder einer vorgelegten Probe.
→ Sie berücksichtigt die öffentlichen Äußerungen der Verkäuferin/des Verkäufers (aber auch des Herstellers) auf Etiketten oder in Form von Werbung.
→ Sie eignet sich für eine gewöhnliche Verwendung.
→ Sie hat eine Beschaffenheit, die bei Artikeln der gleichen Art üblich ist.
→ Sie hat eine Beschaffenheit, die die Kundschaft normalerweise erwarten kann.

Aufg. 286

Subjektive Mängel:

→ Abweichung von der vereinbarten Beschaffenheit
→ Keine Eignung für die nach dem Vertrag vorausgesetzte Verwendung

→ Keine Bereitstellung vertraglich vereinbarter Zubehörteile, Gebrauchsanweisungen und Serviceleistungen

Objektive Mängel:

→ Abweichung von der erwartbaren bzw. üblichen Beschaffenheit

→ Keine Eignung für die übliche Anwendung bzw. Verwendung

→ Keine Bereitstellung von Zubehörteilen, Gebrauchsanleitungen oder Serviceleistungen

Integrationsmängel:

→ Keine Einbindung in der vorhandene EDV-System möglich

→ Keine Kompatibilität

Verstoß gegen die Aktualisierungspflicht:

→ Keine Bereitstellung von Aktualisierungen über einen maßgeblichen Zeitraum, die für den Erhalt der vertragsgemäßen Beschaffenheit erforderlich sind

→ Gilt auch für Waren mit digitalen Elementen

Aufg. 287

Bei B-Ware, gebrauchten Artikeln und Artikeln mit (bekannten) Mängeln kann für Händler das Problem auftauchen, dass die Ware zwar einerseits die vertraglich vereinbarte Beschaffenheit aufweist und somit kein subjektiver Mangel vorliegt, andererseits aber nicht die objektiven Anforderungen erfüllt, weswegen dennoch ein objektiver Mangel vorliegt. Damit die Warenlieferung nicht als Schlechtleistung gilt, können in den Kaufverträgen negative Beschaffenheitsvereinbarungen verwendet werden. Durch diese haben Verkäufer sowie Käufer die Möglichkeit, die objektiven Anforderungen durch vertragliche Vereinbarung außer Kraft zu setzen.

Die negative Beschaffenheitsvereinbarung informiert aktiv über den Mangel.

→ Bei bürgerlichen Käufen (C2C-Geschäften) und zweiseitigen Handelskäufen (B2B-Geschäften) ist dies vergleichsweise einfach: Relativ unkompliziert wird durch einen Hinweis im Kaufvertrag aufgezeigt, dass der Kaufgegenstand von schlechterer Qualität ist als man objektiv erwarten kann.

→ Bei Verbrauchsgüterkäufen gilt eine negative Beschaffenheitsvereinbarung nur noch dann als abgegeben, wenn
- Käuferinnen und Käufer – vor Abschluss des Kaufvertrages – bewusst und deutlich auf die schlechtere Beschaffenheit Kaufgegenstandes hingewiesen wurden und
- dies anschließend – im Kaufvertrag – ausdrücklich und gesondert (also in einem vom Kaufvertrag getrennten Dokument) vereinbart wurde.

Im Onlinehandel kann dies durch einen Button oder eine Schaltfläche erreicht werden, die der Verbraucher anklicken oder auf andere Weise bestätigen kann.

Aufg. 288	→ Weniger Mängel und dadurch geringerer Aufwand bei der Wareneingangskontrolle → Geringere Retourenquote → Höhere Kundenzufriedenheit → Kundenbindung → Besseres Image
Aufg. 289	a) Schriftstück, das Informationen über die mit der Sendung ausgelieferten Waren enthält b) Schriftstück, das der effizienten Abwicklung einer Rücksendung im Lager des Verkäufers dient c) Prozess des Zusammenstellens der Waren im Lager des Verkäufers d) Überholung zurückgesendeter Waren für eine Wiederverwendung e) freiwillige Rücknahme von Waren ohne Mängel f) freiwilliges Versprechen eines Unternehmens, dass in einer bestimmten Zeitdauer ab Übergabe der Ware keine Mängel auftreten und der Unternehmer für die Mängelfreiheit einsteht g) den Kunden im Falle mangelhafter Lieferung zustehende Rechte aufgrund gesetzlicher Vorschriften

	h) Diese Kennziffer setzt die Anzahl der von Kunden zurückgeschickten Artikel in ein Verhältnis mit der Anzahl der versendeten Artikel.
	i) Diese Kennziffer gibt Auskunft über die Attraktivität des Angebotes des Webshops: Je höher diese ist, desto niedriger ist die Kundenzufriedenheit.

Aufg. 290	→ sich ruhig und freundlich verhalten
	→ Reklamation sofort bearbeiten
	→ Reklamation ernst nehmen und dies dem Kunden (z. B. durch Zuhören, Ausredenlassen) zeigen
	→ Schritte einer erfolgreichen Reklamationsbehandlung beachten:
	  1. Durch aktives Zuhören den Kunden ermöglichen, „Dampf" abzulassen
	  2. Klärung des Sachverhalts: Recherchieren (Wie ist es zur Unzufriedenheit des Kunden gekommen?)
	  3. Wenn es die eigene Schuld ist: Entschuldigen!
	  4. Wenn Fremdverschulden vorliegt: Hilfe anbieten!
	  5. Für Abhilfe sorgen!
	  6. Alles tun, um die Beziehung aufrechtzuerhalten

Aufg. 291	Ein Annahmeverzug liegt vor, wenn ein/-e Käufer/-in die bestellte Ware bei der Lieferung nicht entgegennimmt.
Aufg. 292	→ die Fälligkeit der Lieferung → das ordnungsgemäße Anbieten der Ware → Der Annahmeverzug tritt direkt bei Nichtannahme durch die Käufer/-innen ein: Ein Verschulden und eine Mahnung sind nicht erforderlich.
Aufg. 293	→ Rücktritt vom Kaufvertrag und Verkauf der Ware an andere Kundschaft oder → Bestehen auf Annahme (Verkäufer/-innen können die Ware auf Kosten und Gefahr des Käufers/der Käuferin einlagern und entweder im Klageweg auf Abnahme der Ware bestehen oder diese im Selbsthilfeverkauf verkaufen.)

Aufg. 294	Allgemeine Geschäftsbedingungen sind vorformulierte Vertragsbedingungen einer Vertragspartei, die für eine Vielzahl von Verträgen gelten. Sie werden Bestandteil eines Vertrages, wenn bei Abschluss des Vertrages ausdrücklich auf sie hingewiesen wird.
Aufg. 295	Allgemeine Zwecke von AGB: ⇢ vorformulierte Vertragsbedingungen: grundsätzliche Ausgestaltung von Verträgen ⇢ Rationalisierung (Zeitersparnis)
Aufg. 296	Bestimmungen des AGB-Gesetzes: ⇢ Schutz vor unseriösen AGB ⇢ Individuelle Absprachen haben Vorrang. ⇢ Überraschende Klauseln sind unwirksam. ⇢ Bestimmungen, die gegen den Grundsatz von Treu und Glauben verstoßen, sind unwirksam. ⇢ Bei unwirksamen Klauseln gelten die gesetzlichen Bestimmungen.
Aufg. 297	a) Dies ist ein Kauf mit Rückgaberecht: der Käufer prüft die Ware. Bei Nichtgefallen kann er sie innerhalb einer vereinbarten Frist zurückgeben. b) Dies ist ein Kauf nach einem Muster: Der Verkäufer muss sich bei einer späteren Lieferung ganz genau an das Probeexemplar halten. c) Es wird zunächst nur eine geringe Menge gekauft, um die Ware zu testen. Bei der Bestellung wird die Nachbestellung größerer Mengen in Aussicht gestellt. d) Im Kaufvertrag sind die Waren nur nach der Art oder Klasse nach bestimmt, also nach allgemeinen Merkmalen. e) Hier wird vom Käufer eine persönlich bestimmte Ware, die nicht durch eine andere Ware ersetzt werden kann, gekauft. f) Es wird vereinbart, dass die Ware bis zu einem bestimmten Termin geliefert werden soll.

	g) Es wird vereinbart, dass die Ware an einem genau festgelegten Zeitpunkt geliefert werden soll.
	h) Erst wenn der Käufer sie abruft, liefert der Verkäufer die bestellte Ware.
	i) Der Käufer muss vor der Warenlieferung eine Teilsumme bezahlen.
	j) Der Käufer legt zunächst lediglich die Art und die Gesamtmenge der Ware fest. Erst später wird die Ware genauer bestimmt.
	k) Verkäufer und Käufer vereinbaren, dass die Zahlung des Kaufpreises erst einige Zeit nach der Lieferung der Ware erfolgen soll.
Aufg. 298	a) 2, b) 2, c) 1, d) 1, e) 3
Aufg. 299	3
Aufg. 300	a) 3, b) 4, c) 5, d) 6, e) 7, f) 1, g) 2
Aufg. 301	a) Bei dieser Zahlungsbedingung trägt der Exporteur sowohl das Risiko als auch die Finanzierungslast.
	b) Bei dieser Zahlungsbedingung im Außenhandel müssen die Exportdokumente gegen Übergabe eines Zahlungspapiers (in der Regel ein Wechsel) ausgehändigt werden.
	c) Bei dieser Zahlungsbedingung im Außenhandel gelangt man nur in den Besitz der für den Erhalt der Ware notwendigen Dokumente, wenn man schon gezahlt hat.
	d) Bei dieser Zahlungsbedingung liegt ein Zahlungsversprechen der Bank des Importeurs vor, in dem diese sich dem Exporteur der Ware gegenüber verpflichtet, bei Vorlage der Dokumente Zahlungen zu leisten.
	e) Bei dieser Zahlungsbedingung im Außenhandel trägt der Importeur das Risiko.

Aufg. 302	
	a) Das exportierende Unternehmen verfehlt den günstigsten Exportmarkt bzw. dem günstigsten Angebotszeitpunkt.
	b) Risiko, dass sich aus den größeren räumlichen und zeitlichen Entfernungen zwischen Verkäufer und Käufer ergibt.
	c) Der Auslandskunde versucht durch nicht berechtigte oder schwer nachprüfbare Mängelrügen ein Preisnachlass durchzusetzen. Es besteht auch die Möglichkeit, dass er die Entgegennahme der Ware verweigert.
	d) Im Einfuhrland wird durch eine staatliche Verfügung ein Transferverbot ausgesprochen.
	e) In der Zeit vom Vertragsabschluss bis zur Vertragserfüllung kommt es zu Preisveränderungen auf den Auslandsmärkten.
	f) Änderungen beim Wechselkurs können zu Verlusten führen.
	g) Der Käufer kommt seinen Zahlungsverpflichtungen nicht nach.
	h) Ein ausländischer Staat verbietet den Umtausch seiner Währung in eine andere Währung.
	i) Einem Einfuhrland (Schuldnerland) wird staatlich veranlasst ein Zahlungsaufschub gewährt.
	j) Es besteht die Gefahr von Verlusten durch Streiks, politische Unruhen, Boykottmaßnahmen oder Kriege.
	k) Einem Importeur wird durch staatliche Maßnahmen untersagt, Zahlungen gegenüber bestimmten Ländern vorzunehmen.
Aufg. 303	1, 4
Aufg. 304	4

Aufg. 305	4
Aufg. 306	4
Aufg. 307	5
Aufg. 308	4
Aufg. 309	2
Aufg. 310	1
Aufg. 311	5

D   Wirtschafts- und Sozialkunde – LÖSUNGEN

Aufg. 312	a) 1, b) 5, c) 2, d) 6, e) 3, f) 7, g) 1
Aufg. 313	Bedürfnisse sind Empfindungen eines Mangels mit dem Bestreben, diesen zu beseitigen. Die Menschen streben danach, ihre Bedürfnisse zu befriedigen. Werden Bedürfnisse mit Kaufkraft versehen, spricht man von Bedarf. Tritt dieser auf einem Markt auf, liegt eine Nachfrage vor.
Aufg. 314	Güter sind Mittel zur Bedürfnisbefriedigung.
Aufg. 315	Wirtschaftliche Güter zeichnen sich dadurch aus, dass sie in einer Gesellschaft knapp sind. Die wirtschaftlichen Güter können unterteilt werden in → Sachgüter (Autos, Maschinen, Textilien) → sowie Dienstleistungen (Leistungen eines Arztes, Transport von Personen und Menschen) Freie Güter sind kein Gegenstand wirtschaftlicher Tätigkeiten und im Überfluss vorhanden (Luft, Wasser).
Aufg. 316	Abhängig von ihrer Verwendung können unterschieden werden: → Gebrauchsgüter, die über einen längeren Zeitraum angewendet oder genutzt werden (Autos, Maschinen). → Verbrauchsgüter sind dagegen Güter, die nach ihrer Verwendung nicht mehr genutzt werden können (Nahrungsmittel, Getränke, Rohstoffe).
Aufg. 317	3
Aufg. 318	4
Aufg. 319	Minimalprinzip
Aufg. 320	Minimalprinzip
Aufg. 321	Maximalprinzip
Aufg. 322	Der Ort, an dem Angebot und Nachfrage zusammentreffen, wird Markt genannt.

Aufg. 323	In einer Volkswirtschaft gibt es unterschiedliche Markt-formen:
	a) Es gibt Polypole, wo sich viele Anbieter und viele Nachfrager an einem gleichen Ort treffen.
	b) Treten wenige Wirtschaftsteilnehmer auf einem Markt auf, liegt ein Oligopol vor.
	c) Von einem Monopol spricht man, wenn ein Wirtschaftsteilnehmer entweder der Einzelnachfrager oder der einzelne Anbieter ist.
Aufg. 324	→ Homogenität der Güter → Viele Anbieter und Nachfrager → Volle Markttransparenz → Unendlich schnelle Reaktion der Marktteilnehmer → Marktteilnehmer handeln rational → Keine Präferenzen der Marktteilnehmer
Aufg. 325	1
Aufg. 326	4
Aufg. 327	3
Aufg. 328	2
Aufg. 329	Marktumsatz = 105,00 €/St. · 220.019 St. = 23.101.995,00 €
Aufg. 330	Unter der Konjunktur werden Wirtschaftsschwankungen, die regelmäßig wiederkehren, verstanden.
Aufg. 331	Die Konjunktur kann in vier Phasen eingeteilt werden: → die Expansion (Aufschwung und Erholung). → der Boom (Hochkonjunktur) → die Rezession (Konjunkturabschwächung und Abschwung) → und die Depression (Tiefstand oder Krise)
Aufg. 332	2
Aufg. 333	2, 5
Aufg. 334	3
Aufg. 335	4

Aufg. 336	a) 5, b) 4, c) 1
Aufg. 337	5
Aufg. 338	3
Aufg. 339	a) 9, b) 8, c) 3, d) 5, e) 7, f) 1, g) 7, h) 11, i) 12, j) 2, k) 4, l) 6
Aufg. 340	a) 3, b) 1, c) 2
Aufg. 341	1
Aufg. 342	4
Aufg. 343	4
Aufg. 344	a) Gesellschaften
	b) Personengesellschaften
	c) Kapitalgesellschaften
	d) Genossenschaft
	e) Einzelunternehmen
	f) OHG
	g) KG
	h) GmbH
	i) AG
	j) GmbH & Co. KG
Aufg. 345	**Einzelunternehmung:**
	a) 1
	b) –
	c) Unbeschränkt, mit Privat- und Geschäftsvermögen
	d) der Einzelkaufmann/-frau allein
	e) Einzelkaufmann/-frau erhält alles
	f) Abteilung A
	Offene Handelsgesellschaft:
	a) 2
	b) –

c) alle Gesellschafter, unbeschränkt, unmittelbar, solidarisch

d) jede/-r Gesellschafter/-in

e) falls keine vertragliche Regelung: Erfolgt eine Verteilung der Gewinne nach der vereinbarten Beteiligung.

f) Abteilung A

Kommanditgesellschaft:

a) 2

b) –

c) Komplementär, wie bei der OHG, Kommanditist nur mit Einlage

d) nur Komplementäre

e) falls keine vertragliche Regelung: Erfolgt eine Verteilung der Gewinne nach der vereinbarten Beteiligung.

f) Abteilung A

Gesellschaft mit beschränkter Haftung:

a) 1

b) Mindestens 25.000,00 € Stammkapital (gegründet werden kann die GmbH mit 1,00 €)

c) nur die GmbH haftet mit ihrem Vermögen,

d) Geschäftsführer/-innen

e) im Verhältnis der Geschäftsanteile

f) Abteilung B

Aktiengesellschaft:

a) 1

b) Mindestens 50.000,00 € Grundkapital

c) nur die AG haftet mit ihrem Vermögen

d) Vorstand

e) im Verhältnis der Aktienanteile

f) Abteilung B

Aufg. 346	4

Aufg. 347	1, 3, 4, 5
Aufg. 348	1
Aufg. 349	4
Aufg. 350	5
Aufg. 351	1
Aufg. 352	a) Stelle b) Instanz c) Aufbauorganisation d) Stellenbeschreibung e) Abteilung f) Einliniensystem g) Mehrliniensystem h) Stabliniensystem i) Matrixorganisation j) Projektorganisation k) Spartenorganisation
Aufg. 353	2, 3, 1, 4, 5
Aufg. 354	Großhandelsunternehmen sind Pflichtmitglieder bei der Industrie- und Handelskammer (IHK). Die IHKs nehmen die Interessen der Mitgliedsunternehmen gegenüber der Öffentlichkeit und politischen Gremien war. Sie sind zuständig für die Berufsausbildung und nehmen auch entsprechende Prüfungen ab. Sie bieten die unterschiedlichsten Dienstleistungsangebote an (Fortbildungen, Beratungen usw.).
Aufg. 355	2
Aufg. 356	2
Aufg. 357	Viele Großhandelsunternehmen sind Mitglied von Arbeitgeberverbänden, von denen sie beratend unterstützt werden können. Sie führen für die Arbeitgeber die Tarifverhandlungen durch. Mit Gewerkschaften wird oft Kontakt aufgenommen zur Zusammenarbeit bei der Bewältigung von Strukturanpassungen oder Wirtschaftskrisen.

Aufg. 358	Richtig: 2, 4, 5, 6, 9 Falsch: 1, 3, 7, 8
Aufg. 359	In der Ausbildungsordnung, z. B. für den Ausbildungsberuf Kaufleute für Großhandels- und Außenhandelsmanagement, ist festgelegt: → die Bezeichnung des anerkannten Ausbildungsberufs → die Ausbildungsdauer → das Ausbildungsberufsbild → der Ausbildungsrahmenplan, der verbindlich festlegt, was im Ausbildungsbetrieb zu vermitteln ist → die Prüfungsanforderungen
Aufg. 360	a) Gesetze werden von den Parlamenten beschlossen: Bundesgesetze werden vom Bundestag unter Mitwirkung des Bundesrats, Landesgesetze der einzelnen Bundesländer von deren Landtagen beschlossen. b) Rechtsverordnungen können von der Bundesregierung, einem Bundesminister oder einer Landesregierung erlassen werden, wenn diese durch ein Gesetz dazu ermächtigt sind. c) Tarifverträge sind Vereinbarungen, die zwischen Gewerkschaften und Arbeitgeberverbänden oder einzelnen Arbeitgebern abgeschlossen werden. d) Betriebsvereinbarungen zwischen dem Arbeitgeber und dem Betriebsrat regeln die Ordnung und die Arbeitsverhältnisse des einzelnen Betriebs. e) Arbeitnehmer und Arbeitnehmerinnen müssen die im Arbeitsvertrag vereinbarte Arbeitsleistung erbringen. f) Arbeitnehmer und Arbeitnehmerinnen dürfen Geschäfts- und Betriebsgeheimnisse nicht Dritten mitteilen. g) Arbeitnehmer-/innen dürfen sich nicht bestechen lassen. h) Solange das Arbeitsverhältnis besteht, dürfen kaufmännische Angestellte ohne Einwilligung des Arbeitgebers nicht selbstständig ein Handelsgewerbe betreiben oder in dem Handelszweig des Arbeitgebers keine Geschäfte für eigene oder fremde Rechnung betreiben.

i) Nach Beendigung des Arbeitsverhältnisses dürfen kaufmännische Angestellte ihrem bisherigen Arbeitgeber grundsätzlich Konkurrenz machen. Soll ein Wettbewerbsverbot auch nach Beendigung des Arbeitsverhältnisses bestehen, muss dieses ausdrücklich vertraglich geregelt werden. Dieses Wettbewerbsverbot darf nicht länger als zwei Jahre nach Beendigung des Arbeitsverhältnisses bestehen.

j) Der Arbeitgeber muss für die erbrachte Arbeitsleistung der Arbeitnehmerinnen und Arbeitnehmer eine Vergütung bezahlen. Der Arbeitgeber muss das Gehalt an seine Angestellten spätestens am letzten Werktag des Monats bezahlen. Das Gehalt muss auch bei Arbeitsunfähigkeit wegen Krankheit bis zu sechs Wochen weiterbezahlt werden.

k) Der Arbeitgeber ist verpflichtet, den Arbeitnehmerinnen und Arbeitnehmern nicht nur ein Entgelt zu zahlen, sondern sie auch tatsächlich zu beschäftigen.

l) Der Arbeitgeber muss den Arbeitnehmer und Arbeitnehmerinnen in jedem Kalenderjahr bezahlten Erholungsurlaub gewähren. Dabei ist es unzulässig, den Urlaub regelmäßig durch Geldzahlungen abzugelten.

m) Der Arbeitgeber muss alle Arbeitsbedingungen so gestalten, dass die Arbeitnehmer und Arbeitnehmerinnen gegen Gefahren für Leben und Gesundheit so weit wie möglich geschützt sind.

n) Arbeitnehmer und Arbeitnehmerinnen können von ihrem Arbeitgeber bei Beendigung des Arbeitsverhältnisses ein schriftliches Zeugnis verlangen.

Aufg. 361 Tritt man nach einer Ausbildung in ein Arbeitsverhältnis ein, gilt der Arbeitsvertrag. Dies ist ein Dienstvertrag, durch den sich Beschäftigte gegenüber ihrem Arbeitgeber zu einer entgeltlichen Arbeitsleistung verpflichten. Geregelt werden unter anderem Beginn und eventuell Dauer des Arbeitsverhältnisses, die Tätigkeit, die Höhe des Lohns bzw. Gehalts, der Arbeitsort und die Arbeitszeit.

Aufg. 362	4, 5, 6
Aufg. 363	1, 2, 3, 4
Aufg. 364	4
Aufg. 365	3
Aufg. 366	→ Jugendliche dürfen keine gesundheitsgefährdenden Arbeiten, keine Akkordarbeit, keine Arbeiten, die ihre Leistungsfähigkeit überschreiten, ausführen sowie keine Arbeiten verrichten, bei denen sie sittlichen Gefahren ausgesetzt sind. → Jugendliche dürfen täglich höchstens 8 Stunden beschäftigt werden. Die tägliche Arbeitszeit darf auf 8,5 Stunden erhöht werden, wenn dabei die wöchentliche Arbeitszeit von 40 Stunden nicht überschritten wird.
Aufg. 367	Der Manteltarifvertrag regelt allgemeine Arbeitsbedingungen, z. B. Arbeitszeit, Urlaub, Kündigungsfristen, Zulagen. Der Lohn- und Gehaltstarifvertrag regelt die Lohn- und Gehaltshöhe für die Beschäftigten in den verschiedenen Lohn- und Gehaltsgruppen. Er regelt auch die Höhe der Ausbildungsvergütung.
Aufg. 368	Unter Tarifautonomie versteht man das Recht der Tarifvertragsparteien (Gewerkschaften und Arbeitgeberverbände), Tarifverträge ohne Einmischung des Staates auszuhandeln. Friedenspflicht bedeutet, dass während der Gültigkeitsdauer eines Tarifvertrags von den vertragschließenden Gewerkschaften und Arbeitgeberverbänden keine Arbeitskampfmaßnahmen (Streiks und Aussperrungen) durchgeführt werden dürfen.
Aufg. 369	Betriebsvereinbarungen regeln die Ordnung und die Arbeitsverhältnisse des einzelnen Betriebs, z. B. Arbeitszeiten, Pausenzeiten, Urlaubsregelungen. Sie gelten für alle Beschäftigten des Betriebs. Betriebsvereinbarungen werden zwischen Arbeitgeber und Betriebsrat abgeschlossen.

Aufg. 370	1
Aufg. 371	2

Aufg. 372	
a)	Zuständig für die Betreuung des Personals. In diesem Bereich werden alle Entscheidungen und Maßnahmen getroffen, die mit Anwerbung und Auswahl, Einsatz und Führung, Vergütung und Motivation sowie der Entlassung von Mitarbeiterinnen und Mitarbeitern zusammenhängen.
b)	Hiermit werden die zukünftigen Erfordernisse im Personalbereich des Unternehmens ermittelt und die daraus resultierenden Maßnahmen für die Zukunft festgelegt.
c)	Das Ziel ist, im Rahmen der Personalplanung die bestmögliche Eingliederung der verfügbaren Arbeitskräfte in den betrieblichen Leistungsprozess zu erreichen.
d)	Wird benutzt, wenn eine Stelle innerbetrieblich besetzt werden soll. Die Vorteile liegen einerseits in der kürzeren Einarbeitungszeit und andererseits darin, dass die Leistung der eigenen Beschäftigten bekannt ist.
e)	Wird verwendet, um betriebsfremde Bewerber zu gewinnen. Sie sind auf den Teil des Arbeitsmarkts gerichtet, der außerhalb des Unternehmens liegt.
f)	Hier werden die routinemäßigen Daueraufgaben, die sich auf die Beschäftigten beziehen, zusammengefasst. Eine Aufgabe ist z. B. Verträge zu schließen und umzusetzen, die das Personal betreffen.
g)	Hierbei wird die Anwesenheit der Arbeitskraft im Betrieb bezahlt. Es besteht keine direkte Beziehung zur Arbeitsleistung.
h)	Orientieren sich an den tariflichen Mindestlöhnen, die auch bei einer geringen Leistung der Arbeitskraft gezahlt werden müssen. Zu diesen kommt ein häufig auch in Tarifverträgen geregelter Zuschlag hinzu. Damit wird die höhere Arbeitsintensität der Arbeit im Vergleich zur Zeitarbeit abgegolten.
i)	Akkordrichtsatz / Normalleistung je Stunde

Aufg. 373	Bei der qualitativen Personalbedarfsplanung wird mithilfe von Arbeitsanalysen und Arbeitsbeschreibungen ermittelt, welche Anforderungen an mögliche Stelleninhaber gerichtet werden müssen. Es geht also um die Fähigkeiten, die zukünftige Stelleninhaber aufweisen sollten.
	Bei der quantitativen Personalbedarfsplanung wird der Arbeitsumfang ermittelt und die Anzahl der dafür benötigten Beschäftigten bestimmt. Ausgehend vom momentanen Personalbestand wird der voraussichtliche Personalbedarf prognostiziert (= vorausbestimmt). Auf dieser Grundlage können rechtzeitig Beschaffungsmaßnahmen eingeleitet werden.
Aufg. 374	1
Aufg. 375	2
Aufg. 376	1
Aufg. 377	2, 3, 4, 5
Aufg. 378	a) Das Unternehmen muss Unbefugten den Zugang zu den EDV-Anlagen verwehren.
	b) Das Unternehmen muss sicherstellen, dass nur Befugte die EDV-Anlagen nutzen können.
	c) Das Unternehmen muss sicherstellen, dass die zur Arbeit mit den EDV-Anlagen berechtigten Beschäftigten ausschließlich auf die Daten zugreifen können, für die sie eine Zugangsberechtigung besitzen.
	d) Das Unternehmen muss sicherstellen, dass bei der Übermittlung von Daten sowie beim Transport entsprechender Datenträger diese nicht unbefugt gelesen, kopiert, verändert oder gelöscht werden können. Ein Unternehmen muss zudem gewährleisten, dass überprüft und festgestellt werden kann, an welche Stellen Daten übermittelt werden können.
	e) Das Unternehmen muss nachträglich überprüfen und feststellen können, welche Daten zu welcher Zeit von wem in die EDV-Anlagen eingegeben worden sind.

f) Werden personenbezogene Daten im Auftrag verarbeitet, muss sichergestellt werden, dass diese nur entsprechend den Weisungen des Auftraggebers verarbeitet werden können.

g) Das Unternehmen muss sicherstellen, dass personenbezogene Daten nicht zufällig zerstört werden können oder verloren gehen.

h) Personenbezogene Daten, die im Unternehmen zu unterschiedlichen Zwecken erhoben wurden, müssen getrennt verarbeitet werden können.

Aufg. 379

a) Grundrecht der „informationellen Selbstbestimmung": Jeder Bürger darf über die Erhebung, Speicherung, Übermittlung und Verarbeitung seiner Daten selbst entscheiden, soweit dies gesetzlich nicht anders geregelt ist.

b) Schutz personenbezogener Daten vor Missbrauch bei ihrer Verarbeitung

c) alle Einzelangaben über persönliche und sachliche Verhältnisse natürlicher Personen benötigen die Einwilligung der Betroffenen,

d) durch Erlaubnis des Bundesdatenschutzgesetzes, der Datenschutz-Grundverordnung oder einer anderen Rechtsvorschrift:
→ Auskunftsrecht
→ Berichtigungsrecht
→ Sperrungsrecht
→ Löschungsrecht

e) → Wahrung des Datengeheimnisses technische und organisatorische Maßnahmen zum Ausschluss von Missbrauch

→ Prüfung der Zulässigkeit der Verarbeitung von Daten

→ Benachrichtigung der Betroffenen bei erstmaliger Speicherung von Daten zu ihrer Person

→ Ernennung eines Beauftragten für Datenschutz

Aufg. 380	a) Notstromaggregate
	b) Hardware-Schreibschutz
	c) Parallelrechner
	d) mechanische Sicherungen
	e) Streamer
	f) räumliche Sicherungen
	g) periodisches Anfertigen von Sicherheitskopien
	h) Überwachungsprotokolle des Betriebsablaufs
	i) Schulungen
	j) Doppelbesetzungen
	k) Vier-Augen-Prinzip
	l) Plausibilitätskontrollen
	m) Passwortverfahren
	n) Berechtigungscodes
	o) Software-Schreibschutz und versteckte Dateien
	p) Verschlüsselung von Daten
	q) Prüfziffernverfahren
Aufg. 381	2
Aufg. 382	1
Aufg. 383	1
Aufg. 384	→ Einhaltung der Brandschutzvorschriften
	→ Einsatz technischer Brandschutzvorrichtungen
	→ Schlösser
	→ Stahltüren
	→ Überwachungsmaßnahmen
	→ Zugangsbeschränkungen (niemand außer dem Lagerpersonal darf die Lagerräume betreten)
	→ Einhaltung der Vorschriften des Arbeitsschutzes
	→ Schutz des Lagerpersonals vor schädlichen Einflüssen
	→ Einhaltung der Unfallverhütungsvorschriften der Berufsgenossenschaften

	→ Beachtung der Sicherheitskennzeichnung im Lager → Beachtung des baulichen Brandschutzes → Beachtung des allgemeinen Brandschutzes
Aufg. 385	→ unbedingt Ruhe bewahren → Panik vermeiden → Betroffene Personen müssen sich selbst und andere in Sicherheit bringen. → Die Feuerwehr muss über Feuermeldeeinrichtungen oder über den Notruf 112 alarmiert werden. → Nur wenn keine Gefahr für Personen mehr besteht, sind erste Löschmaßnahmen zu ergreifen.
Aufg. 386	a) richtig b) falsch (die Kollegen könnten schon den Brand ebenfalls mit den weiteren Feuerlöschern bekämpfen) c) falsch d) richtig
Aufg. 387	Richtig: 1, 3, 4 Falsch: 2
Aufg. 388	Immer mehr Kunden legen Wert auf nachhaltige Artikel. Eine Großhandlung muss daher entsprechende Artikel ins Sortiment aufnehmen. Viele Kunden achten auch darauf, ob darüber hinaus das Unternehmen nachhaltig in allen betrieblichen Bereichen auftritt.
Aufg. 389	Übernahme der Verantwortung für zukünftige Generationen
Aufg. 390	→ Ökonomische Nachhaltigkeit: Unternehmen sollten so an den Märkten auftreten, dass sie auf Dauer funktionstüchtig sind. → Soziale Nachhaltigkeit: Soziale Verantwortung und soziales Miteinander stehen im Vordergrund der unternehmerischen Tätigkeit. → Ökologische Nachhaltigkeit: Das Unternehmen versucht den rücksichtsvollen Umgang mit Ressourcen der Natur.

Aufg. 391	a) Unter Ressourcenschonung wird der schonende und effizienten Einsatz bzw. Umgang mit natürlichen, endlichen Ressourcen verstanden. Ziel der Ressourcenschonung ist es, natürliche Rohstoffe für künftige Generationen verfügbar zu halten.
	b) Unter Abfallvermeidung wird die Verringerung → der Abfallmenge sowie → der schädlichen Auswirkungen des Abfalls auf die Umwelt, die menschliche Gesundheit und des Gehalts an schädlichen Stoffen in Materialien und Produkten verstanden.
	c) Zum Umweltschutz gehören alle Maßnahmen, die getroffen werden, um die Umwelt zu schützen und somit die Gesundheit der Menschen zu bewahren.
Aufg. 392	4
Aufg. 393	3 Tonnen/18 Tonnen = 0,1667 = 16,67 %

Bildquellenverzeichnis

Sachwortverzeichnis